山东省教育科学规划“十三五”规划重点资助项目(ZZ2019074)
山东省社科规划项目(20CSZJ12)
山东省高校“十三五”人文社科研究基地——医学人文素质教育研究基地成果

多维视域下的大学生思想政治教育研究

赵 敏 著

山东大学出版社
SHANDONG UNIVERSITY PRESS
·济南·

图书在版编目(CIP)数据

多维视域下的大学生思想政治教育研究 / 赵敏著
. —济南 : 山东大学出版社,2022.6
ISBN 978-7-5607-7521-0

Ⅰ. ①多… Ⅱ. ①赵… Ⅲ. ①大学生—思想政治教育
—研究—中国 Ⅳ. ①G641

中国版本图书馆 CIP 数据核字(2022)第 082724 号

责任编辑 陈佳意
文案编辑 朱若翌
封面设计 杜 婕

出版发行 山东大学出版社
社 址 山东省济南市山大南路 20 号
邮政编码 250100
发行热线 (0531)88363008
经 销 新华书店
印 刷 济南新科印务有限公司
规 格 720 毫米×1000 毫米 1/16
14.25 印张 240 千字
版 次 2022 年 6 月第 1 版
印 次 2022 年 6 月第 1 次印刷
定 价 57.00 元

前　言

大学生是青年中不可忽视的一股力量，他们正处于“三观”尚未完全成熟，人生还需要正确指引的关键时刻。与此同时，当代大学生还身处新时代之中，从多维视域对大学生思想政治教育开展研究，进而有针对性地对他们加以引导，能够促进青年群体发扬“修身、治国、平天下”之精神，立正身、弘正气、赴正道。

大学生核心价值观培育生活化解决的是大学生社会主义核心价值观培育的方式、方法问题。社会主义核心价值观培育要重视生活的教育意义，只有将理论与生活实践有机结合起来，基于现实的日常生活体验而产生的价值诉求，才能真正为大学生所用。这既是对培育现状的一种反思，也是对培育方式方法的一种探索。生活化培育在遵循大学生价值观生成逻辑和价值观发展内在要求的基础上，为破除大学生主体性困境和高校德育难题提供了方向指引。发挥日常生活中的主体、载体、渠道合力，做到将核心价值观融入家庭生活、校园生活、社会生活和网络生活中，让核心价值观培育过程更加完整而有效。本书以马克思主义理论为思想指导，基于研究中发现的具体问题，结合大学生价值观形成规律和大学生日常生活特点，为进一步完善大学生社会主义核心价值观生活化培育的有效路径建言献策。

基于网络环境的大学生从众心理引导，解决的是新媒体环境下大学生的从众心理所带来的一系列负面影响。改革开放以来，我国经济快速发展的同时，信息技术也发展迅速，网络成为大学生获取信息和资源的主要途径，但网络的虚拟性特点使网络更容易滋生不良文化，这使判断力和选择力相对较弱的大学生必定会受到良莠不齐的网络文化的影响，进而影响大学生价值观的形成。新时代的大学生心理会更加复杂多变，这给大学生的思想政治教育工作带来了一定的难度和挑战。从众行为既有积极的一面，也有消极的另一面。对从众心理现象的研究，可以促进人们维护社会秩序，发扬良好的道德风尚，抵制不良社会风气，消除不正确的思想观念。分析网络环境下大学生从众心理的新特征，可以为大学生思想政治教育工作开辟新的理论途径，让相关理论更加充实、全面。

基于先秦儒家文化视域的大学生节约意识培育，解决的是物质生活不断充裕的背景下大学生的“节俭”美德培育问题。新时代背景下，网购带给大学生便捷的同时，也滋长了浪费的现象。因为网购让消费变得更加容易，所以不乏盲目“剁手者”。将先秦儒家文化融入大学生的节约意识培育中，有利于培育大学生的“节俭”美德，有利于健全高校节约意识培育体系，有利于加强国家和社会对于青年群体的正向引导。在艰苦的年代，我们要靠勤俭节约渡过难关，在富裕的年代，更要用勤俭节约的习惯培养我们的品德。要在全社会提倡勤俭节约、创造财富的意识，为达到目标而不畏艰难、锐意进取的意识状态和思想品格，需要从大学生群体入手，需要青年群体奉行节俭，身体力行，并不断砥砺前进。

本书从大学生社会主义核心价值观培育的生活化、网络环境下大学生的从众心理和先秦儒家文化视域下大学生的节约意识三个维度展开，对大学生思想政治的现状进行研究分析。本书以马克思主义的相关理论、儒家教化思想、陶行知教育学说以及习近平关于青年教育的重要论述等为理论依据，分析新时代背景下研究对象的特征，分析不同研究维度下大学生思想政治教育的有利因素和不利因素及其生成原因，以期把握大学生在特定维度中所呈现的问题脉搏，从而对症下药，多管齐下，多维度对大学生展开思想政治教育。

以文献资料研究法、交叉研究法、问卷调查法、系统分析法等方法展开研究，收集、解读相关文献资料是进行本研究的前提条件。因此，我们必须以丰富的文献资料为支撑，梳理相关理论研究成果，整理、分析、整合相关资料。在对从众心理进行研究时，我们整合了社会心理学、传播学、教育学等相关学科对从众心理进行研究，争取做到视野更加开阔，内容更加丰富，让本书的研究更加全面。问卷法是进行实证研究比较有效且易操作的形式，通过问卷调查把握思想政治培育现状，是进行本研究的现实基础。为了提高研究实效性，本研究结合大学生的现实生活特点，精心设计了问卷问题，以获得真实可靠的一手数据，将数据分析与理论研究相结合，最大程度提高本研究的社会价值。不同视域下的大学生思想政治教育研究，其理论依据、现状问题、构建原则、对策建议等几部分之间是互为关联的统一体。本研究使用系统分析的思维，对多维视域下大学生思想政治教育相互联系的各个问题进行综合分析。

有效的研究理论和高效的研究方法为本书奠定了坚实的研究基础。此外，深入大学生生活实际的问卷调查从大学生的日常生活入手，着眼于大学生在日常生活中可能遇到的诸多情形设置具有针对性的问题，根据学生们的反馈数据进行分析评估，得出大学生目前思想政治领域的发展态势、对不同观念所持有的态度和思想政治领域存在的问题，从而掌握新时代背景下大学生们的思想动态，并且针对不同维度下大学生思想政治教育的路径进行谋划，给出培育方案和对策建议。

本书的研究思路如下图所示。

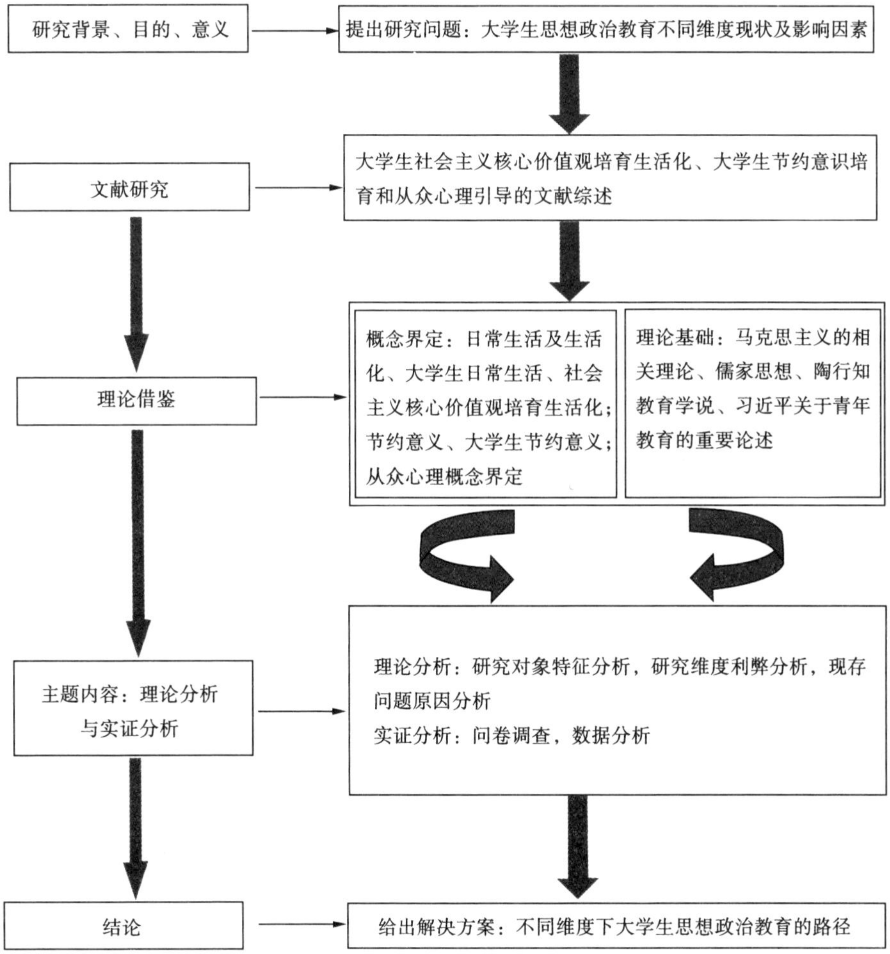

研究思路图

第一篇大学生社会主义核心价值观培育的生活化包括四个重点部分。第一部分为相关概念阐释。首先，借鉴西方哲学家的日常生活批判理论、中国传统的日常生活理论，以马克思主义世界观为主旨，对日常生活的主体、内容和价值等内容作出解释。其次，结合大学生群体的特殊性，具体探讨大学生日常生活的内容和特点，寻求与社会主义核心价值观培育的契合点。最后，结合大学生日常生活的特点与价值观培育规律，提炼出大学生社会主义核心价值观培育生活化的要义及特点。第二部分为理论依据与现实必要性解读。从理论依据来看，马克思主义的相关理论、陶行知的生活教育学说、儒家思想以及习近平总书记关于青年价值观教育的观点为大学生社会主义核心价值观培育生活化提供了理论支撑。从现实必要性来看，核心价值观培育生活化是大学生价值观生成的必要逻辑，符合价值观发展的内在要求，同时也是破除大学生主体性困境和高校德育难题的需要。第三部分为现状调查与分析。问卷调查发现，大学生的价值观培育整体呈积极向好的态势，核心价值观培育融入生活也得到了广泛认同，融入日常生活的趋势不断增强，但同时也存在大学生价值观失衡、核心价值观知行转化困难、价值观培育形式单一、网络乱象弱化了核心价值观的权威等问题。造成上述问题的原因包括多元文化和多元价值观的冲击、高校核心价值观培育与大学生日常生活相疏离、网络环境的冲击、培育合力作用发挥欠缺、大学生心理发展不成熟、自我教育意识薄弱等。第四部分为大学生社会主义核心价值观培育生活化的路径建构。首先，在建构原则上，坚持理论教育与实践教育、灌输教育与价值启发、方向性与多元性、先进性与广泛性相结合。其次，在具体路径实施上，优化贴近生活的社会主义核心价值观培育体系，营造与核心价值观培育相适应的生活环境，构建网络空间中的引导、传播系统，发挥多主体、多载体、多渠道的教育合力作用。最后，要重视大学生自我教育意识的提高。

第二篇大学生从众心理引导——基于网络环境的分析包括三个重点部分。第一部分是从众心理概念的界定分类及影响因素。首先，从《说文解字》和《辞海》的角度对“从”和“众”进行解释，结合国内外学者对“从众”的概念理解，对“从众”和“从众心理”两个基本概念进行了分析和概括，进而指出这是一种具有两面性的心理现象。其次，对网络环境下的从众心理进行分类——从众心理可分为理性从众心理和非理性从众心理。理性从众心理包括遵从、服从、顺从三种形式，非理性从众心理即盲目从众。在此基础上，对“从众”和“众从”两个概念进行对比，使相关概念更加清晰明了，对网络从众心理的独特性进行分析。最后，分析网络环境下大学生从众心理的影响因素，包括信息影响和规范影响、群体因素、个体因素和情境因素四个方面。第二部分是对网络环境下大学生从众心理的现状原因和影响进行分析。首先，对调查问卷及样本进行分析，对调查问卷和样本的基本情况进行全面的把握。其次，结合调查问卷对网络环境下大学生从众心理的现状进行分析。首先，通过对大学生的网络依赖现象和网络从众心理认知度进行分析发现：虽然大学生能够对从众心理有正确的把握，但仍然存在网络依赖现象较强和网络从众心理多发等问题。其次，对大学生从众心理的具体表现进行概括和分析。一方面，现实环境下大学生从众心理的具体表现为：学习从众、择业从众、道德从众、恋爱从众、消费从众等。另一方面，网络环境下大学生从众心理的具体表现为：盲目的跟风者、理性的沉默者和利益驱使的投机者。再次，对网络环境下大学生从众心理的原因进行分析。主要原因有四：一是传统文化的影响，二是社会大环境的影响，三是网络的独特影响，四是大学生自身的原因。最后，对网络环境下大学生从众心理产生的影响进行分析。大学生从众心理带来的正面影响有助于思想政治教育的开展，有助于大学生社会道德规范的内化和行为习惯的外化，有助于大学生人际关系的发展进一步融入社会。大学生从众心理带来的负面影响不利于大学生形成良好的思想和行为习惯、创新能力和道德责任感培养。第三部分是网络环境下关于大学生从众心理的对策研究。首先，运用新媒体正确引导大学生的从众心理。第一，利用“议程设置”理论进行制度化调控与非制度化调控相结合、加强网络媒体的行业自律、完善网络传播伦理和管理网络传播的方式，正确引导网络舆论。第二，利用“沉默螺旋”理论关注局部优势意见与构建网络舆论管理和引导机制把握正确的从众心理。第三，通过加强大学生网络底线思维、网络媒介素养理论与实践教育以及加强大学生网络自律意识的方式，加强大学生网络素养教育。其次，通过对大学生进行心理引导，加强对大学生从众心理的教育。第一，通过在网络上开展大学生心理健康教育和群体规范心理教育，加强大学生的心理素质教育和心理素质建设。第二，通过强化网络把关作用、培养正确价值导向网络领袖、发挥榜样力量和带动作用，加强典范效应。第三，加强对大学生的自我效能和自主意识教育。最后,通过多管齐下对大学生从众心理进行全面引导与教育。第一,通过发展优秀校园文化、发挥班级和宿舍的引导作用、构建校园德育科学体系,加强校园网络文化建设,营造良好的育人环境。第二,通过增强教育意识、改善教育方式和加强家校共育的途径加强对家庭教育的重视,增强大学生的自信心。第三,要发挥网络非正式群体的带头作用。第四,培养大学生理性思维,锤炼大学生品德修为,强化大学生网络综合素质。

第三篇大学生节约意识培育——基于先秦儒家文化视域的分析包括五个重点部分。第一部分为先秦儒家文化概述。首先,对文化以及先秦儒家文化的内涵进行阐释。其次,阐释先秦儒家文化的核心思想,主要集中阐释"仁"和"礼"以及二者之间的关系。最后,对先秦儒家文化的当代价值进行论述,主要论述其政治价值、经济价值、文化价值以及教育价值。第二部分为大学生节约意识的相关解析。这一部分分别阐述节约意识和大学生节约意识的内涵及特征,并分析当前对大学生进行节约意识培育的重要意义。通过这一部分的阐释,深化对大学生节约意识培育的了解和认识,为进行大学生节约意识培育提供有效的路径奠定良好的基础。第三部分为先秦儒家文化融入大学生节约意识培育现状调查与分析。通过对调查问卷结果进行分析和汇总,阐明先秦儒家文化融入大学生节约意识培育的优势、存在的问题以及问题存在的原因,意在通过汲取先秦儒家文化中的有益成分,为大学生节约意识培育提供有借鉴意义的措施。第四部分为先秦儒家文化融入大学生节约意识培育的理论建构。本部分主要说明先秦儒家文化与大学生节约意识培育之间的联系以及将先秦儒家文化融入大学生节约意识培育的必要性和可能性。通过本部分的论述,旨在阐明将先秦儒家文化融入大学生节约意识培育的可行性,为先秦儒家文化融入大学生节约意识培育奠定基础。第五部分为先秦儒家文化融入大学生节约意识培育的原则和路径。本部分首先提出先秦儒家文化融入大学生节约意识培育应坚持的原则,并在此基础上提出通过因材施教、以身为教、学思问行统一、循序渐进等多种途径,全面将先秦儒家文化与大学生节约意识相融合,旨在帮助大学生进一步加强节约意识,发挥大学生在社会主义现代化建设中的重要作用,为国家培养能担当民族复兴大任的时代新人。

总结本书的研究内容、研究思路和研究方式,可得出三点创新之处,分别为研究视角的创新、研究内容的创新和研究方法的创新。具体展开论述如下：

第一，研究视角的创新。本研究以马克思主义世界观为理论指导，着眼于现实人的生活，分析大学生的日常交往和日常关系特点，从日常生活的角度分析如何让大学生思想政治教育落地、入心。

第二，研究内容的创新。本研究概括总结了大学生日常生活的内涵、特点，并突出网络活动在当前大学生日常生活中所占比重，将网络活动中的大学生思想政治教育作为一个侧重点，有针对性地从大学生日常网络活动入手培育大学生正确的人生观、世界观和价值观。

第三，研究方法的创新。一方面，理论研究与实证研究相结合，更具说服力，提出的对策更有针对性。另一方面，综合多种学科的知识对大学生思想政治进行引导，立足多维视角，研究内容更加系统、全面。目前关于大学生思想政治教育的研究大多立足于现实层面，而且大部分都是从单一学科切入分析，缺乏系统性和综合性。思想政治领域的研究多为理论分析，本书立足于大学生社会主义核心价值观培育的生活化、立足于网络层面分析大学生从众心理、立足于先秦儒家文化视域下分析大学生节约意识，通过发放调查问卷的方式，将理论与实际相结合，研究大学生思想政治领域存在的问题。

赵 敏

2022 年 6 月

目　录

第一篇　大学生社会主义核心价值观培育的生活化

第三篇 大学生节约意识培育——基于先秦儒家文化视域的分析

第一篇

大学生社会主义核心价值观培育的生活化

第一章　研究概述

大学生核心价值观培育生活化解决的是大学生社会主义核心价值观培育的方式、方法问题。通过梳理相关研究成果，发现在大学生社会主义核心价值观培育方面存在理论研究与社会实践结合不紧密的问题。本研究以马克思主义理论为思想指导，基于研究中存在的具体问题，结合大学生价值观形成规律和大学生日常生活特点，为进一步完善大学生社会主义核心价值观培育生活化的有效路径建言献策。这既是对培育现状的一种反思，也是对培育方式方法的一种探索。

一、研究意义

(一)理论意义

第一，本研究借鉴西方哲学的日常生活批判理论、中国传统的日常生活理论，提炼出“日常生活”的基本要义，结合大学生价值观形成规律和日常生活特点，以马克思主义世界观为指导构建大学生社会主义核心价值观培育的生活化逻辑框架，是对核心价值观培育方式方法的一种创新。

第二，本研究符合现代哲学回到日常生活中的演变发展趋向，丰富和发展了现代生活哲学研究。在传统社会，哲学研究表现为一种超社会生活的抽象理性活动，偏重于理性教条。而现代哲学则主张将目光专注于人的现实生活世界，马克思主义的生活哲学研究逐渐成为马克思主义哲学研究的热点之一，将核心价值观培育置于日常生活领域符合现代哲学回归生活世界的理论要义。

(二)现实意义

第一,社会主义核心价值观培育贴近日常生活,对大学生个人发展进步起着重要推动作用。社会主义核心价值观发源于日常生活之中,而不是头脑中的抽象意识。因此,社会主义核心价值观培育要重视生活世界的教育意义。只有将理论与生活实践有机结合起来,基于现实的日常生活体验而产生的价值诉求,才能真正为大学生所用。

第二,该研究为大学生核心价值观培育向生活世界回归提供了基本原则和具体路径。生活化在遵循大学生价值观形成逻辑和价值观发展内在要求的基础上,为破除大学生主体性困境和高校德育难题提供了方向指引。发挥日常生活中的主体、载体、渠道合力作用,做到核心价值观融入家庭生活、校园生活、社会生活和网络生活中,让核心价值观培育过程更加完整而有效。

二、国内外研究现状

(一)国内研究现状

学界以社会主义核心价值体系培育生活化研究为主,有以下相关研究成果。

关于社会主义核心价值体系培育生活化的含义。李月娥等人认为:"教育的'生活化'即生活教育,就是要让社会主义核心价值体系教育融入学生的生活,在生活中进行教育,在教育中印证价值观。"[①]刘波通过阐述核心价值体系与现实生活之间的关系,系统论述了核心价值体系生活化的条理规律,提出落脚到现实生活才是社会主义核心价值体系的基本路径与最终目的。[②]

关于推进社会主义核心价值体系培育生活化的路径选择和建设机制。

---

① 李月娥、安建、孔繁繁、张天晓:《试谈大学生社会主义核心价值体系教育的系统化与生活化》,《中国成人教育》2010年第1期。

② 参见刘波:《论社会主义核心价值体系生活化的逻辑理路与发展路径》,《中国特色社会主义研究》2012年第2期。

王静提出从树立“学生主体”意识、还原价值理想、改进教育方法挖掘生活素材四个方面入手。[①] 刘波认为核心价值体系建设中要注重生活化导向，建构以生活化为前提的核心价值体系大众化，从价值导向和制度建制方面加强日常生活模式建设。[②] 廖言从社会主义核心价值体系生活化机制的构建入手，提出要重点建设权益保障机制、法律调控机制、政策导向机制、道德回报机制、社会管理机制五大机制。[③]

在深入推进社会主义核心价值体系建设的基础上，2012 年，党的十八大对社会主义核心价值观进行了新阐释，提出“倡导富强、民主、文明、和谐，倡导自由、平等、公正、法治，倡导爱国、敬业、诚信、友善，积极培育和践行社会主义核心价值观”[④]。这“二十四字”是对社会主义核心价值体系内涵的精炼概括。随着社会结构多元化，价值观也呈现多元化趋势，如何培育核心价值观成为学术研究的重点。其中，核心价值观培育要深入生活，反映人民心声是进行路径创新重点研究的方向之一。习近平总书记强调：“青年的价值取向决定了未来整个社会的价值取向，而青年又处在价值观形成和确立的时期，抓好这一时期的价值观养成十分重要。”[⑤]核心价值观培育融入大学生日常实践和生活中是高校落实立德树人根本任务的核心要义。

梳理自党的十八大以来的相关研究成果可知，学者们从多角度研究了高校社会主义核心价值观培育生活化的状况。石海兵发表的《论大学生生活与社会主义核心价值观教育》一文，是已知的较早关于大学生核心价值观培育生活化的研究成果。此后，学界展开了关于社会主义核心价值观教育融入生活的热烈讨论。大部分理论成果以论文发表的形式出现，相关书籍著作不多，其中孟迎辉等著《社会主义核心价值观的日常生活化机制研究》（2019 年）是为数不多的代表作之一。还有一系列具有学术和实践价值的成

---

① 参见王静：《论社会主义核心价值体系教育生活化》，《山西大同大学学报》（社会科学版）2012 年第2 期。

② 参见刘波：《论社会主义核心价值体系生活化的逻辑理路与发展路径》，《中国特色社会主义研究》2012 年第 2 期。

③ 参见廖言：《社会主义核心价值体系的日常生活化》，《学习月刊》2012 年第 15 期。

④ 胡锦涛：《坚定不移沿着中国特色社会主义道路前进 为全面建成小康社会而奋斗——在中国共产党第十八次全国代表大会上的报告》，人民出版社 2012 年版，第 31～32 页。

⑤ 习近平：《青年要自觉践行社会主义核心价值观——在北京大学师生座谈会上的讲话》，人民出版社 2014 年版，第 9 页。

果:邹小华、胡伯项的《构建社会主义核心价值认同的日常生活世界》(2013年),孟迎辉、邓泉国的《社会主义核心价值观与日常生活的内在逻辑》(2015年),李大棚的《大学生社会主义核心价值观培育研究——以马克思主义日常生活理论为视角》(2016年),辛世俊的《论社会主义核心价值观教育融入生活》(2017年),秦程节、何小春的《融入日常生活:青年核心价值观培育和践行的微观建构》(2019年),研究领域不断拓宽、研究内容不断深入。概括起来,相关研究包括理论依据、内涵意义、现状困境、路径与机制等四大方面。

1.理论依据研究

关于理论依据,有以下四个角度:第一,马克思主义的实践观点。实践观点支撑了日常生活的基础性地位,此外,谢安国等认为,马克思主义人本论、实践论和社会交往理论,也为核心价值观培育融入生活夯实了坚定的理论根基。[①] 第二,以杜威和陶行知为代表的生活教育理论。杜威提出"教育即生活"的理论以及陶行知的"生活即教育"理论,都是探讨生活与教育关系的重要观点。第三,胡塞尔的"回归生活世界"理论。胡塞尔第一次提出"生活世界"这一概念,他的生活世界观为以后的探讨提供了基础思维框架。第四,习近平关于实现社会主义核心价值观生活化的观点。自社会主义核心价值观明确提出以来,习近平总书记在讲话中多次强调为什么以及如何培育青年价值观,并提出要把社会主义核心价值观"日常化、具体化、形象化、生活化"[②]的命题。此外,还有学者将皮亚杰的认知发展理念[③]、波兰尼的默会知识理论纳入相关理论依据中。[④]

2.内涵研究

关于大学生核心价值观生活化的内涵研究,学界认为主要包含两个方面。一方面是从理念层面,大学生社会主义核心价值观生活化就是要将理论扎根培育主体的内心,增强大学生对核心价值观的认同感,自觉将其内化

---

① 参见谢安国、曹淼:《大学生社会主义核心价值观教育"生活化"的内涵、依据与原则》,《安康学院学报》2018年第1期。

② 中共中央党史和文献研究院编:《习近平新时代中国特色社会主义思想学习论丛》(第三辑),中央文献出版社2020年版,第110页。

③ 参见刘艺:《大学生社会主义核心价值观教育生活化路径研究》,《宁夏教育》2015年第11期。

④ 参见强艳:《大学生社会主义核心价值观日常生活化研究》,兰州大学硕士学位论文,2017年。

为指导自己行为规范的一种准则。另一方面是从实践层面，走向生活化就是将向内的理论转化为向外的行动，真正将社会主义核心价值观落实到日常生活实践中。

3.现状及困境研究

当前社会对大学生核心价值观培育生活化的重视程度不断增强，但整体环境也存在一些不利因素。从社会环境来看，多元社会思潮、文化以及不良社会风气对主流价值观造成冲击；从高校教育环境来看，实现生活化教育模式面临教育目标的理想性、教育内容的理论化和空洞化、教育方式方法的单一性、教育评价体系不完善以及学生主体性发挥不足等困境；从学生个人来看，学生群体中存在着对党的信仰薄弱、对传统文化认知不够、价值观发生偏移等问题；从理论自身来看，价值观内涵的抽象性与日常生活的现实性相脱节。

4.路径与机制研究

学界从多角度给出了研究的具体路径。梁洋生认为，实现生活化教育模式首先应实现教育目标、内容、载体、方法、评价的生活化，并就这五个方面给出相应措施。[①] 贾婧立足于发挥多种教育主体的合力作用，从社会、学校、家庭和个人的角度提出可行性建议。[②] 除此之外，还有学者从挖掘核心价值观宣传媒介、话语体系的建设以及加强师资队伍力量等方面，切实提出实现大学生社会主义核心价值观生活化的方法路径。

在建立生活化机制方面，有学者从理论认同机制、情感认同机制和价值观内化机制入手，主张建立长效教育机制。许海东等提出构建“沟通—参与—示范—养成”培养机制。[③] 孟迎辉主张将社会主义核心价值观的日常生活化看作一个系统工程，主要关注两大着力点、九大机制的建设问题，实现社会主义核心价值观与日常生活对接，对社会进行合理规制。[④]

---

① 参见梁洋生：《大学生社会主义核心价值观教育生活化研究》，赣南师范大学硕士学位论文，2018 年。

② 参见贾婧：《大学生社会主义核心价值观生活化研究》，中北大学硕士学位论文，2019 年。

③ 参见许海东、郑茸：《沟通—参与—示范—养成：大学生社会主义核心价值观生活化培育机制研究》，《高等农业教育》2015 年第 6 期。

④ 参见孟迎辉：《社会主义核心价值观的日常生活化机制研究》，中国社会科学出版社 2019 年版，第 6 页。

(二)国外研究现状

1.关于日常生活的研究

20世纪,西方学者发起了对日常生活的批判,西方哲学开始转向日常生活研究。西方学者重视用批判的眼光看待日常生活,奠定了日常生活批判理论的基础。胡塞尔(Edmund Husserl)在其代表作《欧洲科学的危机和超越论的现象学》中指出,欧洲科学的危机实质上是人自身的危机,危机的根源就在于我们在成立科学世界时放弃了生活世界,而解决这场危机的根源就在于回归生活世界。[①] 海德格尔(Martin Heidegger)通过对生活世界的共性剖析指出"人的本质被一种力量框住了,被它要求着、挑战着",揭示了现代日常生活世界的异化现象,并对其进行批判。[②] 由此,西方哲学家在对日常生活的批判基础上开启了生活世界理论的研究。

在日常生活批判理论研究中,列斐伏尔(Henri Lefebvre)以其《日常生活批判》三部曲成为西方学界公认的"日常生活理论批判之父"。他认为,日常生活元素(工作、家庭和"私人生活、闲暇活动")的分离意味着异化,也许同时,日常生活元素的分离意味着一种分化。[③] 列斐伏尔在马克思主义的基础上,从现代人的角度出发批判异化的现代日常生活。

2.关于大学生核心价值观教育的研究

长期以来,国外多数国家的价值观教育,普遍以品格教育、道德教育、公民教育、共同价值观教育等形式存在。虽无直接"生活化"相关概念的阐述,但内含生活化教育的意义,在教育目标、主体和方式上,为本研究提供了借鉴。

在教育目标上,国外价值观教育立足国家意识和个人价值。一方面,以国家意识教育为目标,让大学生自觉形成在国家意识指导下的社会、经济、政治、宗教、文化等的价值标准,培养国家认同感,增强民族优越感和自豪

---

① 参见[德]胡塞尔:《欧洲科学的危机与超越论的现象学》,王炳文译,商务印书馆2001年版,第312页。

② 参见[德]海德格尔:《人,诗意地安居:海德格尔语要》,郜元宝译,广西师范大学出版社2000年版,第119页。

③ 参见[法]亨利·列斐伏尔:《日常生活批判》(第一卷),叶齐茂、倪晓晖译,社会科学文献出版社2017年版,第29页。

感，实现向下一代传输国家所需要的价值观念的目标。另一方面，国外价值观教育以实现大学生自身发展为目标。国外核心价值观教育以关注人的价值本性、体现人文价值关怀为方向，关注大学生个性品格的发展，培养价值理性发展道德、完善人格，提升大学生幸福感。

在教育主体上，国外从政府、学校、家庭到社区，甚至许多学者、协会和教育机构都十分重视核心价值观教育问题，发挥多教育主体的合力作用。政府为价值观教育实施提供法律保障，学校是价值观教育的主要阵地，家庭和社区是价值观教育的补充力量。在美国，许多大学协会出资支持相关机构、出版社和研究项目团队，致力于研究高校对大学生个人和社会责任感的培养。此外，国外在价值观教育上强调学生主体地位的重要性，强调教育者尽量在课程、实践活动中对学生施加价值观影响，注重对学生的引导。

在教育方式上，国外主要依托课程设置和实践活动教育两种形式。在课程设置上，不设立专门价值观教育课程，而以各门课程为依托，强调知识的综合。以美国为例，美国并不设置专门的价值观教育课程，也就不涉及价值观的正面灌输教育，而是将价值观教育贯穿于人文、社会、科学等类型的通识课程，将其以一种内隐的形式渗透于各通识课程中，重在培养一种价值理性。英国在价值观教育上则充分借助宗教文化教育，采用法律形式将宗教课程保留至今。学校除了固定的宗教课程外还要进行必要的宗教活动，在实践活动教育上，国外普遍通过鼓励学生参与校园活动和社会实践活动，在实践中达成价值认同和共识。

综上所述，国内外专家学者对日常生活理论和价值观培育两大主题的研究都很全面深刻，这为本研究的开展提供了文献资源，使本研究在前人研究的基础上得以进一步深化。查阅相关资料可知，在大学生社会主义核心价值观培育的生活化这一课题上主要有以下三点有待进一步完善。

第一，大学生社会主义核心价值观培育生活化缺乏相对系统性的研究。当前，关于这一主题的研究虽都不同程度地从各个角度进行了相关论证和阐述，但缺乏相对系统性的理论研究成果。

第二，当前大学生社会主义核心价值观培育生活化的现状和存在的问题需要进一步深入剖析。首先，已有研究成果中，鲜有提及当前已取得的成就和行之有效的措施，只有对优秀的做法加以总结并继续坚持才能再创辉煌。其次，现有研究存在的问题大多从教育目标、内容和方式三个角度来说明教育与生活相脱离，没有指出具体存在的问题，因此需要进一步深入剖析。

第三，需要进一步将研究成果与生活实践相结合，使之更具针对性和指向性。研究社会主义核心价值观不能只注重理论，更重要的是如何融入、能否融入大学生日常生活。坚持什么原则，以什么方式融入，这一问题极为重要。

三、研究方法与创新之处

(一)研究方法

1.文献资料研究法

对相关文献资料的收集、解读是进行本研究的前提条件，因此，必须以丰富的文献资料为支撑，梳理相关理论研究成果，整理、分析、整合相关资料，探索研究大学生社会主义核心价值观生活化的相关问题。

2.问卷调查法

问卷法是进行实证研究的一种比较有效且易操作的形式，通过问卷调查把握核心价值观培育现状，是本研究的基础。为了提高研究实效性，本研究结合大学生的现实生活特点精心设计了问卷问题，以获得真实可靠的一手数据，将数据分析和理论研究相结合，最大限度地提高本研究的研究价值。

3.系统分析法

日常生活理论视域下的大学生价值观培育研究，其理论依据、现状问题、构建原则、对策建议等是互为关联的统一体。本研究使用系统分析的思维，对大学生社会主义核心价值观培育生活化的相互联系的各个问题进行综合分析。

(二)创新之处

第一，研究视角的创新。本研究以马克思主义的生活世界观为理论指导，着眼于现实的人的生活中，分析大学生的日常交往和日常关系特点，从日常生活的角度分析如何让核心价值观教育落地、入心。

第二,研究内容的创新。本研究概括总结了大学生日常生活的内涵、特点,并突出网络生活在当前大学生日常生活中所占比重,将网络生活中的社会主义核心价值观培育作为一个侧重点,有针对性地从大学生日常网络生活入手培育社会主义核心价值观。

第二章　大学生社会主义核心价值观培育生活化的相关概念

阐释基本理论概念，梳理相关概念之间的联系与区别，是进行深入研究的基础。基于此，本章对大学生社会主义核心价值观培育生活化涉及的“日常生活”“生活化”“大学生日常生活”等相关概念进行解读。

一、日常生活世界及生活化

（一）日常生活

生活世界理论的研究最早兴起于欧洲，有其深刻的时代背景。第一，科技理性的高度发展导致欧洲科学的危机。早在古希腊时期，哲学家强调哲学必须面对人的现实生活。但启蒙运动以后，西方高举理性主义和科学主义的旗帜，以自己的理性战胜、征服自然。在这种理性不断得到张扬的同时，人们也陷入精神的空虚，失去了对精神和自由的追求。胡塞尔（Edmund Husserl）提出，科学危机是导致人们丧失生活意义的根源，纯粹理性的科学世界代替了实在的、可感知的生活世界，而解决这一危机的办法就是回归生活世界。[①] 正如陈飞教授所说：“科学技术的‘求真’本性解决不了人的‘求善’的信仰和情感的归依，科学技术营造的世界并没有给人带来多少生活的幸福与安宁，相反，却把人这棵大树‘连根拔起’，失去了原本属于人的活生

① 参见［德］埃德蒙·胡塞尔：《生活世界现象学》，倪梁康、张廷国译，上海译文出版社 2002 年版，第 78 页。

生丰富多彩的‘生活世界’，科学技术成了人们追求的唯一目标。”[①]他点明了追求精神自由、个性发展才是人的内在本质要求，是解决这一痛苦的根源。第二，工具理性的扩张压制了人性的发展。在工具理性思维指导下的人，以完全量化的、具有统一标准的模式来看待一切，把一切，包括人自身，放在平面上进行量化分析。于是一切事物“都陷入同一层面，陷于表层，像一面无光泽的镜子，不再镜映，不再反抛光辉”[②]，这样单一标准的生活模式，加剧了人们在生活中的精神困境。这时，主张回归生活世界的理论得到西方哲学界的普遍认同，回归现实生活世界，重建精神家园成为一种普遍共识。第三，传统西方哲学对生活的漠视。西方古代哲人把世界分为真实的和虚幻的两部分，认为现实世界是对虚幻世界的一种模仿和映照，只有虚幻世界才是永恒的存在。延续到近代，生活世界一直处于被人们遗忘的地位，造成的最终结果就是被生活所摒弃。

以此为背景，西方学界开始重新思考生活世界的意义，将“日常生活”作为一个学术概念和研究范畴，极力在普通平常的重复性生活中探索创造一个更有价值的生活世界。胡塞尔在考察科学世界和生活世界的联系时，得出了关于生活世界的一系列规定。第一，在本源上，生活世界的存在早于科学世界，生活世界中的一切事物为科学世界的形成提供素材。同时，科学世界为生活世界服务，没有生活世界，科学世界的存在将毫无意义。第二，生活世界是科学世界存在的价值和意义所在，具有功能价值的优先性。[③] 胡塞尔认为：“尽管近代科学家所关涉的世界在其无限性中超越了所有自然认识实践的直观视域，但他的有关无限性的认识还是回溯地束缚在一个世界上，这个世界是在科学以外实践的直观视域中显现出来的。这个世界就是生活世界。”[④]科学世界只有在生活世界中得到验证才能证明其真理性。否则，科学世界的结果就是值得被怀疑的。胡塞尔通过对科学世界和理性的批判，奠定了回归生活世界的基础。但遗憾的是，他并没有就“生活世界”的概念

---

① 陈飞：《回归生活世界：思想政治教育研究的一个视角》，人民出版社 2014 年版，第 93 页。

② 陈嘉映：《海德格尔哲学概论》，商务印书馆 2017 年版，第 322 页。

③ 参见[德]埃德蒙·胡塞尔：《生活世界现象学》，倪梁康、张廷国译，上海译文出版社 2005 年版，第 12 页。

④ [德]埃德蒙·胡塞尔：《生活世界现象学》，倪梁康、张廷国译，上海译文出版社 2005 年版，第 42 页。

给出明确的界定。

列斐伏尔最先尝试对日常生活的概念进行阐释，他认为："日常生活就在我们身边，从所有方面，从所以方向上，包围着我们。我们在日常生活里，也在日常生活外。没有所谓'高尚的'活动可以还原为日常生活，而这个所谓'高尚的'活动也不能与日常生活分开。日常生活实践是创造出来的，它们生长，它们破土发芽。"[①]总结西方日常生活批判的理论可以发现，西方用批判、反思、审视的眼光看待日常生活，以期重塑异化的日常生活，发挥人的个体性，为实现人的自由本质为目标。

在西方日常生活批判理论的影响下，以当代中国社会的现代化进程为背景，我国兴起了一批以王晓东、杨威、王国有等人为代表的学者，开始转向中国传统日常生活理论研究。王晓东从日常和非日常交往的形态区分出发，对人的交往活动进行了一系列研究，他认为日常生活并不包含所有生活，是专指为实现人们生存和再生产而进行的，以人的自在性为基础的日常活动的总称。[②] 需要注意的是，国内学者大部分也以价值批判为前提研究中国传统日常生活，但我们讨论的"日常生活"概念并不以价值批判为目的，而是将日常生活作为一个解决问题的切入视角，侧重点在于以日常生活为入口，挖掘潜在其中的意义价值，建立与社会主义核心价值观相适应的生活世界。因此，需要重新对"日常生活"的内涵进行界定。

无论是西方哲学还是中国传统的生活世界理论，对生活内涵的解释侧重于它是展现在人们面前的自然态度上的生活世界图景，仍然停留在研究抽象与虚幻的生活世界，对生活世界的理解止步于解释先验性的概念。马克思对生活世界的理解达到了一个新的高度，他虽没有明确给出过"日常生活"的内涵界定，但其中蕴含着丰富的日常生活理论维度，集中体现于《德意志意识形态》一书中，原文中"生活""生命""生存"等词均对应于"生活"概念。马克思主义哲学从现实的人出发，认为"我们的出发点是从事实际活动的人"[③]，最终落脚到现实的人的日常生活，开启了以人为中心、以实践为基

① [法]亨利·列斐伏尔：《日常生活批判》(第二卷)，叶齐茂、倪晓晖译，社会科学文献出版社 2017 年版，第 271 页。

② 参见王晓东：《日常生活：西方生活世界理论研究的重要视点》，"中西视野下的实践哲学与文化哲学"全国外国哲学学术研讨会，哈尔滨，2004 年，第 30～33 页。

③ 《马克思恩格斯文集》(第一卷)，人民出版社 2009 年版，第 525 页。

础的生活世界理论的大门。马克思、恩格斯诠释了日常生活的内在规定性："在现实生活面前，正是描述人们实践活动和实际发展过程的真正的实证科学开始的地方。"[①]以马克思主义理论为依据，借鉴前人研究的理论成果，对本研究所涉及"日常生活"这一概念的理解应从以下三点来把握。

第一，日常生活的主体是现实的人。马克思立足于实践，实现了从"抽象的人"向"现实的人"的转变。人通过实践确证自己的本质力量，有什么样的实践，就有什么样的生活。换言之，生活就是内在地体现人自身的本质力量活动。就像马克思从不离开实践活动来谈论人的活动一样，他也从不脱离现实的人的生活来分析生活世界，马克思的生活世界是具体的世界。

第二，日常生活以社会关系和交往为主要内容。马克思的生活世界是现实的、具体的世界，是由人参与、经人创造的世界，具有丰富的内容。人在改造自然界、创造世界的过程中，必然要与自然界、他人、自身发生各种交往和关系，形成自然关系和社会关系两大类。同时，人又是社会存在物，一切自然关系只有对社会的人才有意义。因此，自然关系对人的意义，以社会关系的存在为前提。马克思曾直接指明："人的本质不是单个人所固有的抽象物，在其现实性上，它是一切社会关系的总和。"[②]人不能脱离社会关系而独立存在，只有将自己置于劳作交往中，建立起社会关系，这种关系才是人得以进步发展的基础。为了满足生存和发展的需要，不断深入对自身和世界的认识，人在社会交往中必须建立一种稳定的道德规范和价值观念，以此为标准处理社会关系，让生活以一种秩序化的形式进行。因此，处理人和自然、他人与自我之间的关系构成日常生活的主要内容。

第三，日常生活以实现人的自由全面发展为价值目标。在《共产党宣言》中，马克思、恩格斯对共产主义的社会生活做出这样的描绘："代替那存在着阶级和阶级对立的资产阶级旧社会的，将是这样一个联合体，在那里，每个人的自由发展是一切人的自由发展的条件。"[③]他们认为自由且全面的发展，是社会发展必然要达到的终极价值旨归。自由是人生存发展的本来状态，自由的本质在于"认识这些规律，从而能够有计划地使自然规律为一

---

① 《马克思恩格斯文集》(第一卷)，人民出版社 2009 年版，第 526 页。
② 《马克思恩格斯选集》(第一卷)，人民出版社 2012 年版，第 135 页。
③ 《马克思恩格斯选集》(第一卷)，人民出版社 2012 年版，第 422 页。

定的目的服务”①,人通过对这个世界隐藏于偶然性下的必然性,也就是规律性的认识,加以一定目的的利用和改造,从而实现自身自由。人的“全面”发展,从宏观角度来看,指物质生活和精神生活发展的全面性。物质生活的极大丰富是人类生存和发展的先决条件,在此基础上,人还作为一种精神性的实体存在,不断追求精神生活的充实是历史发展的必然趋势;从微观角度来看,“全面”指人的个性发展的全面性。“现实的人”首先作为个体的人存在,人的个性发展,即人如何成为“人”的问题,马克思关注人的个性的全面发展,注重人的个别性、特殊性,消除压制人个性发展的社会条件,实现人的个性解放和全面发展。

(二)生活化

“生活化”概念的理解重在“化”字,从“化”字的文字释义来看,主要指变化、改变的意思。其意义有两层:一是描述某事物正处于某种变化中的状态或性质,或者表示将某事物推广普及开来,强调事物发展变化的过程性;二是教化,即通过教育使思想、习惯发生改变。普遍意义上的“生活化”侧重指文学创作要从生活出发,贴近生活,真实反映生活。而本文所说“生活化”主要侧重教育的生活化,作为教育方式的一个切入口。

“生活化”也内含两种语境:“生活化”和“化生活”。“生活化”强调将教育教学活动与学生生活情景的相互交织和融合,发现教学内容与日常生活之间不易发觉的联系,建立起生活与教育的联系。如果说“生活化”是将理论内化于心的第一步,那“化生活”就是将理论外化于行的关键一步。“化生活”重在指导学生将所学运用于生活,尤其要实现创造性的运用,用理论指导生活、服务生活,为学生的日常生活提供价值指引。

二、大学生日常生活

大学生群体的特殊性决定了大学生日常生活相比社会其他群体有其自身的特点。大学生日常生活既具有传统日常生活的重复性、稳定性特点,又具有极强的可塑性,潜藏着无限的可能性。

---

① 《马克思恩格斯文集》(第九卷),人民出版社 2009 年版,第 120 页。

(一)内涵

结合日常生活所包括的吃、穿、住、行等最基本要素,立足于大学生群体的特殊性,大学生日常生活可以界定为:为满足大学生个体和集体发展需要而进行的一切物质和精神活动的总和。具体展开来看,大学生日常生活以学习为中心,以学校、青年群体等集体环境为基本寓所,包括满足大学生个人生存发展需求的日常学习活动、日常网络活动以及满足集体发展需要的校园集体活动、社会实践活动等。这一切日常活动可以概括为物质生活和精神生活两部分,即为了满足大学生的物质基础活动和满足大学生精神发展需要的思想文化活动。

从时间上看,大学生日常生活既包括大学生的课堂学习,也包括课堂之外的一切活动范围;从空间上看,大学生日常生活主要限定于高校校园环境,同时伴随着脱离家庭环境走向社会环境。从当代大学生与以往大学生的比较来看,当代大学生日常生活中网络生活占据的比重越来越高,是网民中的“主力军”。由此可以得出,大学生日常生活范围聚焦于校园学习生活这个时空中,同时,由于网络技术的快速发展,大学生的网络活动成为日常生活中不可忽视的一部分,这也是当代大学生日常生活的显著特点之一。

(二)特点

1.日常生活的可塑性

大学生无论是思想还是日常生活,都具有极强的可塑性和现实可能性。从主体自身来说,大学生群体具有多元性和多样性,处于自我意识不断强化、个体性不断增强的年龄阶段。他们易于接纳新鲜事物,敢于尝试、敢于实践,是培育人生价值观的关键时期。从客体角度来说,日常生活无处不在、无时不有,只有帮助大学生日常生活实现变革式的发展,才能实现有意义的生活。

2.生活形式的集体性

大学生群体共同学习、共同生活,相比于其他社会群体,大学生参与集体性活动的机会更多,这种集体性活动所引发的突发性事件概率就会更大。大学生群体的高集中性是一把双刃剑,管理得当,有利于集中教育,管理不当，则可能酿成大错。此外，当代大学生家庭成长环境与以往发生很大变化，独生子女家庭较多，一部分大学生在进入大学之后无法适应大学集体生活，大学生活的集体性与家庭生活的个体性短时间内难以得到调和。利用大学生集体生活的特点，依托积极的集体活动形式，让社会主义核心价值观的宣传变被动灌输为主动接受，可以有效解决大学生面临的人际交往问题，增强个人的集体荣誉感，让大学生看到个人的价值、生活的意义，创造自己的精彩人生。

3.交往方式的网络化

当代大学生置身于网络环境下，他们的交往方式呈现出鲜明的网络化特征。在他们的成长历程中，交往交流、获取知识、了解社会主要通过网络实现，对互联网依赖度较高。各种良莠不齐的网络信息干扰大学生核心价值观的形成，各行各业的“网红”“主播”传递给大学生的信息参差不齐，影响有好有坏，需要大学生提高对信息的辨识能力。同时，因为网络的普及，许多信息可以从网络上直接获取，导致大学生缺乏充足的社会体验，在现实和虚拟之间来回切换。这些都对大学生正确价值观念的形成造成冲击。开放的社会环境和网络空间带来挑战的同时，也带来了契机。价值观培育需要即时、同步融入大学生网络生活中，利用新媒体技术，让教育功能占领网络空间的高地。

三、社会主义核心价值观培育生活化

（一）含义及内在要求

马克思说：“光是思想力求成为现实是不够的，现实本身应当力求趋向思想。”[①]社会主义核心价值观培育的生活化符合思想和现实亦步亦趋、相互构建的过程。社会主义核心价值观培育生活化本质上就是价值观念与生活世界之间互动、互构的过程，必然也包含两方面的内涵。一方面，生活化是社会主义核心价值观向日常生活渗透的环节，在这一环节中，社会主义核心价值观实现从空中落入生活，与人们自身活动产生息息相关的联系，并为人

① 《马克思恩格斯选集》(第一卷)，人民出版社2012年版，第11页。

们所接受。要实现这一环节必须要把握日常生活亟须改造的部分，以此为突破深入日常生活，改造日常生活。这一环节重在解决社会主义核心价值观在人民大众中的亲和力问题，只有加深与日常精神文化生活密切联系，才能实现它的价值。另一方面，社会主义核心价值观来源于生活，但又体现着超越现实生活的内在价值维度，是一种更高层次的价值追求。这一环节解决的是人民群众生活的发展方向和路径问题，让人民以社会主义核心价值观的要求为价值参照，反思自身生活的困境，最终以核心价值观为尺度确定自己的生活方向。社会主义核心价值观培育向生活贴近，需要把握以下三个要义。

1.培育融入生活

生活是一个整体，理论上可以按不同的划分标准分割开来，例如，按场域不同，可以划分为家庭生活、学校生活、社会生活；按形式不同，可以划分为物质生活和精神生活。但在实际中，生活是错综复杂的整体，是一个矛盾的统一体。社会主义核心价值观在融入大学生生活的同时，也应遵循社会主义核心价值观的基本原则，而“生活”必然指大学生的所有生活，融入生活一定是融入整体的生活。

2.培育通过生活

实现社会主义核心价值观生活化，其关键在于充分利用生活化的教育素材，教育内容应取之于生活，用之于生活，将理论认同转化为具体实践，只有结合生活才能保持生机和活力。离开生活，“教育”就成为只是由文字、符号所组成的模式性活动，受教育者无法在现实生活中体验、感受真正的教育。只有回归生活，通过学生生活中的感受和体验作为教育的切入点，社会主义核心价值观才能自觉成为受教育者的标杆。

3.培育为了生活

社会主义核心价值观培育融入生活是为了更好地生活。社会主义核心价值观培育实现生活化，最终是要引导学生形成正确的思维认知，培养优秀的行为方式，过有意义的生活。社会主义核心价值观作为一种社会意识，生成于社会现实，最终也应该回归到生活，而不是销声匿迹于生活。社会主义核心价值观就如一棵大树，只有不断汲取生活的养分才能枝繁叶茂，如果只是深埋土中，就会失去生命活力，最终腐烂变质。所以社会主义核心价值观要以生活为依托，吸取生活中的营养，同时回馈于生活。

（二）特征

社会主义核心价值观培育的展开与日常生活和具体实践紧密融合，这一方式具有区别于传统教育方式的一系列特征，这里主要就社会主义核心价值观培育生活化的渗透性、实践性、隐蔽性、开放性特征进行探究。

1.渗透性

渗透性特征是指生活化培育的展开要借助于一定的载体，并且渗透于一切生活实践活动的全过程。第一，渗透性表现为生活化必须借助一定的载体。生活化培育的方式需借助一定的载体，将核心价值观教育目的寓于载体之中，营造一种春风化雨、润物无声的教育环境。需要说明的是，生活化的教育方式所需要借助的载体，不仅指具体可感的物质存在，如公共场所的宣传标语，更包括各种形式的社会实践活动。因此，核心价值观培育生活化的过程不仅是静态宣传，更是一个动态发展的过程。第二，渗透性还表现为渗透于一切生活实践的全过程。核心价值观培育生活化寓于生活实践活动过程中，旨在以生活实践为依托，将核心价值观教育意图贯穿到生活实践开展的各个环节中，强调生活和教育的融合与渗透。这种渗透形式需要把握生活实践的性质，比如日常生活中涉及公共利益的活动、网络行为等可以作为渗透教育意图的选择，但不可泛泛而谈、过犹不及，否则可能会造成对实践活动本身意义的冲击，打破原有实践活动的意义。生活化将核心价值观渗透到日常生活中，借助一定的载体形式，达到核心价值观教育与日常生活实践活动内容与形式、“灵魂”与“肉体”上的统一。

2.实践性

社会主义核心价值观培育生活化具有实践性特征，这是学界已经达成的共识。马克思指出：“全部社会生活在本质上是实践的。”[①]正是生活的实践性，决定了核心价值观培育生活化具有实践性特征。核心价值观培育生活化就是指在培育过程中把学生引向生活，与生活开展积极的对话，在生活中有所体验、有所感悟，使核心价值观教育成为欢快、高效的实践活动，自觉让核心价值观成为人们最高层次的追求。首先，社会主义核心价值观培育生活化的展开以实践活动为载体，如学生在校内参加校园艺术活动，在校外

① 《马克思恩格斯选集》（第一卷），人民出版社 2012 年版，第 135 页。

参加社会实践活动。生活化旨在让学生亲身参与其中，通过学生亲眼看到、亲身感受实践活动过程的深刻变化，触动学生心弦。其次，生活化培育的过程是一个实践生成的过程。人们拥有什么样的生活，在一定程度上决定了他是什么样的人，实践对人的价值观的影响是不可否认的。主流价值观的确立需要不断以一定形式的实践活动引导，在实践中感悟生成，这是一个长期的过程。最后，核心价值观培育生活化的目标是指导实践。社会主义核心价值观是对国家政治生活、社会公共生活和公民个人生活起到规范指导作用的价值规范，源于对美好生活的追求，也落脚到具体生活实践中，为创造美好生活服务。

3.隐蔽性

核心价值观培育融入生活具有一定的隐蔽性，它不直接公开向学生传达教育目的，进行教育活动，而是以相对隐蔽的方式，把核心价值观的培育内容潜藏于具体的生活实践中，通过潜移默化的影响、熏陶，将教育目的达成掩藏于无声无息中。第一，教育过程具有隐蔽性。培育生活化旨在将教育目标潜隐于一定形式的实践活动中，让学生在参与实践活动过程中不知不觉地接受核心价值观教育。在这一过程中，学生的关注点是所参与的实践活动，缺乏对核心价值观教育的关注，在没有明确感知核心价值观教育存在的情况下，接受核心价值观的洗礼。第二，教育成果具有隐蔽性。苏联著名教育家苏霍姆林斯基认为“最好的教师是在精神交往中忘记自己是教师而把自己的学生视为朋友、志同道合者的那种教师”①。生活化把教育意图掩藏于显性的生活实践中，在隐性教育过程中，学生的思想一直是开放的，不带有主观封闭目的，所以教育效果也会提高。这种方式的教育效果具有滞后性，其成果在短时期内可能不会明确显现出来，但是教育的“种子”已经埋下，假以时日必定会在实践活动中体现出来。

4.开放性

核心价值观培育生活化具有开放性特征。一方面，体现在培育的时空和载体的开放。传统课堂式的核心价值观理论教学是在特定的时间和空间中展开的，具有明显的局限性。但核心价值观的教育不同于一般理论型学科，它不仅要求学生掌握核心价值观教育理论内涵，更重要的在于实现学生由掌握理

① [苏]B.A.苏霍姆林斯基：《帕夫雷什中学》，赵玮等译，教育科学出版社1983年版，第6页。

论转向情感认同、行为实践，形成一定的道德规范。因此，这就决定了培育学生核心价值观不能仅局限于特定的时间和空间中，必须在生活的广阔天地中涵养而成。社会主义核心价值观的任务使命决定了其养成需要开放的时间和空间。因此，就社会主义核心价值观课堂教学活动来说是一个有限的过程，但其内在本质决定了其培育是一个无限的、持续的、在生活中不断延展的过程。核心价值观培育走向生活化恰好符合这一内在要求，它不局限于时间和空间，可以全时段、全天候展开，既可以在校内学习生活中开展，也可以在走上工作岗位后开展，是一个开放性的教育模式。另一方面，社会主义核心价值观培育生活化的开放性特征体现在教育载体上。我们的日常生活由充满变数的实践活动组成，核心价值观的培育就寓于这样的生活实践中，以这些活动实践为载体，自然其培育形式就没有固定要求。生活化的教育载体既可以是静态物体，如街道、公园、景区的富有趣味的宣传语，盆栽植物拼接而成的核心价值观主题景观，又可以是动态的生活实践过程，如学生的日常文化学习生活以及校园文化活动。无论是从教育的时间、空间还是载体来看，社会主义核心价值观培育生活化都具有开放性，是对传统核心价值观培育方式的一种突破。

第三章　大学生社会主义核心价值观培育生活化的理论依据与现实必要性

大学生社会主义核心价值观培育生活化不是虚无缥缈的空洞学说，它具有科学的理论依据和迫切的现实需要。本章以马克思主义理论、陶行知的生活教育学说、儒家思想、习近平总书记关于青年核心价值观培育的重要论述为大学生社会主义核心价值观培育生活化的理论依据，并从大学生价值观形成逻辑，价值观发展的内在要求，破除大学生主体性困境以及高校德育难题四个角度阐述大学生社会主义核心价值观培育生活化的现实必要性。

一、理论依据

(一)马克思主义的相关理论

马克思指出，“不是意识决定生活，而是生活决定意识”①，明确了生活对于意识的重要性。他认为“意识在任何时候都只能是被意识到了的存在，而人们的存在就是他们的现实生活过程”②，生活是意识生成的最初场域，没有生活，就没有意识；生活又是意识回归实践的基本体现，有什么样的意识，就有什么样的生活。马克思将人的一切感性活动理解为实践活动，得出“全部

① 《马克思恩格斯选集》(第一卷)，人民出版社 2012 年版，第 152 页。

② 《马克思恩格斯选集》(第一卷)，人民出版社 2012 年版，第 152 页。

社会生活在本质上是实践的”[①]结论。因此,生活对意识的决定作用,最终归于生活的实践性。社会主义核心价值观是根据我国社会现阶段的实际发展状况和中国特色社会主义的发展规律凝练而成,结合当代中国特色社会主义建设和人民精神文化需求,体现了人民对理想美好生活的追求。这种诉求是对当前群众需求的真实反映,同时又服务于广大群众。大学生在日常生活中主动将社会主义核心价值观作为自己的行为规范和价值理念,既满足了自身全面发展的需求,又符合中国特色社会主义发展的需要。

马克思主义不仅包含“理论掌握群众”的观点,更强调“群众掌握理论”的重要性。在《〈黑格尔法哲学批判〉导言》中,马克思指出,“批判的武器当然不能代替武器的批判,物质力量只能用物质力量来摧毁;但是理论一经掌握群众,也会变成物质力量”[②]。马克思揭示了精神的力量也能产生革命性的作用。要使理论外化为物质力量,需要一定的条件,这一条件就是群众掌握理论。人民群众是推动社会变革的根本力量,科学的理论要与群众相结合,并被群众所掌握,才能成为思想武器,发挥革命性的作用。“群众掌握理论”的实质就是强调实践的运用,以“人民群众”为主体,以“懂”为前提,以“用”为重点,最终推动实践的发展。社会主义核心价值观是这一时代的科学理论,大学生作为社会的中坚力量,应将其不断践行、传承下去。

认识的正确与否,不是靠主观判断而定,而是要看客观社会实践的结果如何。马克思总结各国不同条件下无产阶级的斗争实践,得出一般原理,并指出这些原理的运用“随时随地都要以当时的历史条件为转移”[③]。因此,马克思肯定认识的正确性是由实践检验而来。马克思总结无产阶级斗争的一般原理,其目的是指导无产阶级斗争取得胜利。实践证明,马克思主义是指导全人类实现解放的科学性真理,没有马克思主义,就没有今天社会主义实践的壮丽篇章。社会主义核心价值观产生于人民群众的实践活动,而日常生活是最一般层面的实践活动。因此,社会主义核心价值观也应回归人民群众的生活,用生活实践来检验。

---

① 《马克思恩格斯选集》(第一卷),人民出版社 2012 年版,第 135 页。

② 《马克思恩格斯选集》(第一卷),人民出版社 2012 年版,第 9 页。

③ 《马克思恩格斯选集》(第一卷),人民出版社 2012 年版,第 376 页。

(二)儒家思想

作为传统文化主流的儒学,在道德层面构建了一个理想的生活世界,以此反思、批判现实世界,并力图将这种理想世界现实化。儒家的理想世界不是没有根基的大树,而是扎根于日常生活,与生活紧密联系。在构建理想世界的过程中,儒家体现出了自身的道德教育特点,它重视日常生活的教育意义,主张在日常生活中展开教育过程,由此形成了儒家的生活教化思想。

首先,儒家生活教化思想的目标是让人在生活世界中不断实践、总结,形成完善的人格。古典儒家的道德教育思想看到了生活对于教育的重要性,从日常生活中开展教育过程,总结教育内容,完善教育方法。孔子善于借助日常生活实事,运用启发诱导的方法,循循善诱,引导弟子自己思考、自己学习,以达到教育目的,实现对人生和生活的超越性认识。

其次,儒家道德教育方式植根于日常生活,重视生活本身的教育价值。儒家思想在古代成为封建国家的主流意识形态之后,为了建立稳定的社会秩序,确立了一套系统的核心伦理价值观。这些观念世代流传,成为渗透于广大民众血脉之中的行为准则、价值观念,使他们能够在日常生活中发扬仁爱的精神。儒家思想之所以能够实现价值观念的渗透,得益于将伦理价值观通俗化、普遍化、生活化,把核心价值观转化为民众日常生活的规范准则和具体的行为方式,实现核心价值观的生活化,在生活中实现教育目的。

最后,儒家道德教育的价值追求是建立人在生活世界中的和谐关系。儒家认为,要使天下太平就要改善社会风俗,协调人际关系,人民生活才能幸福。儒家倡导的伦理价值观为君臣、父子、夫妻等人与人之间的基本关系规定了行为准则,儒家的道德伦理思想贯穿到百姓的日常行为中,并逐渐深化为一种行为准则,对建立友善的君臣关系、家庭关系、夫妻关系产生深刻的影响。

(三)陶行知生活教育学说

20 世纪初,中国教育领域依然固守僵化、陈旧的模式,教育改革落后于整体社会改革。“五四运动”时期,在科学与民主思潮的推动下,陶行知写下了《新教育》《教学合一》两篇文章,倡导教育要走科学与民主的道路,成为中国倡导改革旧教育、引导新教育的先驱。此时,他还没有明确提出“生活教育”理论，但是已经看到了学校与社会相脱离的弊病，主张学生的教育要把学校和社会联系起来，这为他以后提出“生活教育”理论打下了思想基础。此后，经过七八年的探索，他的教育理论不断成熟。1927年，陶行知正式提出“生活教育”理论，这可以说是中国教育第一个先进的教育理论。陶行知认为：“生活教育是生活所原有，生活所自营，生活所必需的教育。”[①]明确地指出教育与生活之间割裂不开的联系。生活是教育产生影响的最初场所，也是教育得以展开的现实场所，人们的教育活动源于生活、为了生活。首先，教育是生活所原有。生活本身就内含教育的作用，陶行知认为“生活与生活一摩擦便立刻起教育的作用。摩擦者与被摩擦者都起了变化，便都受了教育”[②]，而生活又是时刻变化的，充满变化的生活给人的教育是无时无刻的。其次，教育是生活所自营。“过好的生活，便是受好的教育；过坏的生活，便是受坏的教育。”[③]生活的内容涵养教育的内容，要引导学生过积极的生活，在积极的生活中接受教育。最后，教育是生活所必需。生活是人的生活，但每个人不是生而完美的，教育可以发挥完善塑造人的功能，帮助人认识更好的自己，获得更好的生活，实现人的发展和生活质量的提高。

（四）习近平关于青年价值观教育的重要论述

“青年一代有理想、有本领、有担当，国家就有前途，民族就有希望，实现我们的发展目标就有源源不断的强大力量。”[④]习近平总书记一直以来都十分重视青年一代的思想教育工作。围绕青年价值观的教育问题，习近平总书记从加强青年价值观教育的原因和做法两个方面给出了系统解答，形成了比较完善的青年价值观教育观点。

2014年，在北京大学师生座谈会上的讲话中，习近平总书记就加强青年核心价值观教育的原因提出了自己的观点，他指出：“青年的价值取向决定了未来整个社会的价值取向，而青年又处在价值观形成和确立的时期，抓好

① 陶行知：《陶行知文集》，江苏教育出版社2008年版，第11页。
② 陶行知：《陶行知全集》（第三卷），四川教育出版社2005年版，第604页。
③ 胡晓风等编：《陶行知教育文集》，四川教育出版社2005年版，第465页。
④ 习近平：《在同各界优秀青年代表座谈时的讲话》，《人民日报》2013年5月5日。

这一时期的价值观养成十分重要。”[①]只有抓住这一关键时期，才能走好青年人生的第一步。每个民族、每个国家都有自己的核心价值观，它“承载着一个民族、一个国家的精神追求，体现着一个社会评判是非曲直的价值标准”[②]。社会主义核心价值观是社会主义本质要求的体现，“继承了中华优秀传统文化，也吸收了世界文明有益成果，体现了时代精神”[③]。

就社会主义核心价值观培育的落实问题，习近平总书记强调，要以社会主义核心价值观为标杆，提出“广大青年要把正确的道德认知、自觉的道德养成、积极的道德实践紧密结合起来，自觉树立和践行社会主义核心价值观，带头倡导良好社会风气”[④]。青年要在学习、工作和生活中始终坚持以社会主义核心价值观为行为规范，自觉将其转化为内在的情感认同。此外，习近平总书记在2014年中央政治局集体学习时指出：“一种价值观要真正发挥作用，必须融入社会生活，让人们在实践中感知它、领悟它。要注意把我们所提倡的与人们日常生活紧密联系起来，在落细、落小、落实上下功夫。”[⑤]在此明确提出了社会主义核心价值观要融入生活的命题。同时，习近平总书记强调，实现社会主义核心价值观培育生活化的目标，要靠多方力量共同完成，“要通过教育引导、舆论宣传、文化熏陶、实践养成、制度保障等，使社会主义核心价值观内化为人们的精神追求，外化为人们的自觉行动”[⑥]。习近平总书记的青年价值观教育观点为实现大学生社会主义核心价值观培育生活化提供了理论和方法上的启示。

---

① 习近平：《青年要自觉践行社会主义核心价值观——在北京大学师生座谈会上的讲话》，人民出版社2014年版，第9页。

② 习近平：《青年要自觉践行社会主义核心价值观——在北京大学师生座谈会上的讲话》，人民出版社2014年版，第4页。

③ 习近平：《青年要自觉践行社会主义核心价值观——在北京大学师生座谈会上的讲话》，人民出版社2014年版，第5页。

④ 习近平：《在同各界优秀青年代表座谈时的讲话》，《人民日报》2013年5月5日。

⑤ 习近平：《习近平谈治国理政》（第一卷），外文出版社2018年版，第165页。

⑥ 习近平：《习近平谈治国理政》（第一卷），外文出版社2018年版，第164页。

二、现实必要性

（一）大学生价值观生成的必要逻辑

引领大学生过上有意义的人生是培育大学生核心价值观的目标之一。马克思曾指出："有意识的生命活动把人同动物的生命活动直接区别开来。"[1]人的一切生命活动建立在有意识的实践基础上，是意识指导下的产物。大学生的生活和人生就是其意识的反映，而价值观培育承载着指导大学生过上有意识的生活的内在使命，大学生的价值观是在处理与外界关系时判断善恶是非的原则、依据和尺度，有什么样的价值观念，就会过什么样的生活。价值观念的形成、运行渗透于日常生活的方方面面，规定和支配着大学生日常生活中的各种价值关系。日常生活是价值观形成的基础场域，价值观形成运行的逻辑就是指导日常生活，在日常生活中发挥现实作用。只有找到社会主义核心价值观的内在规律与日常生活的基本形态的契合点，才能真正发挥生活教育的功能，提高核心价值观教育的实效性。

（二）核心价值观发展的内在要求

社会主义核心价值观归根结底是由人的实践活动决定，因此也会随时代和人的实践活动发展不断改进，它在影响人的思想观念和行为实践的同时，也需要人的实践活动不断充实和完善核心价值观内容。人民群众的日常生活百态是人的实践活动的根本组成部分，核心价值观从日常生活中总结、抽象、概括出来。从这个意义上来说，价值观也只有"拥抱"生活，回归生活，才能彰显对现实的意义。生活之于核心价值观发展完善的意义，具体表现为三个方面。第一，核心价值观应在生活中发挥引领功能。核心价值观的内涵源于人民群众的生活，又高于人民群众的生活价值观，能够起到引领社会发展、指导人民实践的功能。因此，生活是核心价值观发挥其功能的场所，核心价值观的价值只有在不断完善和提升社会生活、人民生活中展现。第二，核心价值观的内容需要生活充实、完善。丰富多彩的生活百态为核心

---

① 《马克思恩格斯选集》（第一卷），人民出版社 2012 年版，第 56 页。

价值观的发展、完善提供现实素材，推动核心价值观理论不断升华，紧跟时代和人民的步伐，以崭新的面貌为人民群众提供科学的生活价值准则。第三，核心价值观的科学性需要由生活来检验。核心价值观作为一种理论，其合理性、科学性，需要根据它是否符合社会发展的新形势，能否解决人民现实生活问题来判定。只有不断提升和完善人民群众日常生活，引领社会不断向前发展，促进人民群众树立正确的价值观，才能称之为合理的、科学的核心价值观。

（三）破除大学生主体性困境的需要

“高校思想政治教育中的大学生主体性，就是指大学生作为思想政治教育的主体，在接受思想政治教育的过程中表现出来的自主性、能动性、创造性。”[①]当前大学生的思想教育中存在的一些局限性以及网络的快速发展等因素，导致当前高校思想政治教育面临大学生主体性缺失的严重局面。

从传统思想政治教育的局限性来说，教育者往往扮演“一言堂”的独角戏角色，学生在教育过程中基本无参与或参与感不强，在思想政治理论的学习上表现出极大的被动性，在课堂教学活动中表现出思想惰性，缺少积极参与、勇于创新的意识。社会主义核心价值观教育融入生活能够扭转这一局面，让生活进课堂，让课堂贴近生活，将社会主义核心价值观具化为现实可感的实践活动，内化为大学生的生命体验。

从当前大学生对网络的依赖性来看，“人的主体性对网络的依赖是网络信息时代人的主体性发展的一个基础，表现在网络虚拟交往中，人的主体性空前增强的同时，也增强了网络对人的规定、制约甚至是支配，更凸显了人对网络的依赖，从而使主体性出现矛盾性，面临困境”[②]。当代大学生表现出对网络的过度依赖，大学生主体性走向“自失”。大学生之间的交往依托网络技术突破了传统的时空交往局限，在增强了交往主体性的同时，也越发让人陷入对网络的依赖之中。大学生在这种网络虚拟交往中，以个人独立性为特征的主体性逐渐被包裹，陷入困境。

---

① 刘红禄：《困境与重构：高校思想政治教育中大学生主体性问题探析》，《黑龙江生态工程职业学院学报》2020年第1期。

② 谢玉进、郑永廷：《大学生网络虚拟交往中的主体性困境》，《现代远距离教育》2006年第2期。

因此，从大学生的现实生活入手，找回主体性自由，是破解思想政治教育中大学生主体性困境的根本所在。

(四)破解高校德育难题的关键

社会主义核心价值观教育一直是高校德育的重点，德育教育的质量和水平决定着社会主义核心价值观培育的效果。但是近年来高校德育工作在"向现代化的转型中发生了变异"，道德教育出现了"边缘化、外在化、知识化"的"现代综合症"。[①] 这些症状的出现反映了当前德育工作的现实困境。当前，传统的高校德育内容和方式已经不能适应新形势下的教育需要，出现了一系列问题。如理论学习与立德树人不能兼顾，教学内容上理论与实践相脱节，德育教育方法缺乏创新突破等。此外，高校教师对德育理论与实践相结合缺乏足够的重视，也会让学生觉得思想政治理论高高在上，与现实生活有一定的距离，进而导致大学生对核心价值观的理解浮于表面，难以深入内心。社会主义核心价值观培育走向生活是破解高校德育工作困境的关键，也是回归教育本质的体现。戚万学和唐汉卫认为，道德是以人为本的，这就决定了道德教育是以学生为本的，道德教育应"以学生的道德发展、道德生活之完满为目的"[②]，它指向学生自身的发展和完善，指向生活的意义。要摆脱德育困境，就要在引导大学生社会主义核心价值观培育"进教材、进课堂"的同时，增强对"进生活"的重视。

---

① 鲁洁:《边缘化　外在化　知识化——道德教育的现代综合症》,《教育研究》2005 年第 12 期。

② 戚万学、唐汉卫:《以人为本的道德和以学生为本的道德教育》,《中国教育学刊》2003 年第 1 期。

第四章　大学生社会主义核心价值观培育生活化的现状调查与分析

对大学生社会主义核心价值观培育生活化的现状进行科学调查，客观分析培育效果，一方面有助于我们定位社会主义核心价值观在大学生日常生活中的普及度及作用力，另一方面可以把握培育过程中存在的问题及其成因，探究更科学有效路径。基于这样的现实考量，本研究选用调查问卷的方法，对生活化培育的现状进行调研。

一、问卷设计及样本的基本情况

（一）调查问卷设计

问卷主要包括两个方面。一方面为调查对象基本情况，包括性别、年级、专业类别、政治面貌等；另一方面主要采集调查对象对社会主义核心价值观培育生活化的一些基本观点，包括大学生对社会主义核心价值观的认知状况以及对实现核心价值观培育生活化的态度、内容、途径、效果等方面。问卷内容的设计具有一定的现实性和广泛性，能够保证所收集资料的真实性和全面性。

（二）样本的基本情况

本次调查共设计问题 23 个，发放问卷 588 份，收回有效问卷 580 份，有效比为 98.64%。采用网络调查和纸质调查两种方式相结合，以网络调查为主。本次调查主要面向全日制在校本科生和研究生人群，被调查高校既有理工类、文法类、经管类、师范类，也有医学类、艺体类和综合类高校。对有效数据的梳理情况如下（见表 1-4-1）。

表 1-4-1　样本基本情况（样本总量 580）

变量	变量含义	频率	百分比（%）
性别	男	244	42.07
	女	336	57.93
年级	大一	24	4.14
	大二	136	23.45
	大三	60	10.34
	大四	148	25.52
	研究生	212	36.55
专业类别	文科类	231	39.83
	理科类	156	26.90
	工科类	113	19.48
	艺体类	48	8.28
	其他	32	5.52
政治面貌	中共党员（含预备）	72	12.41
	共青团员	488	84.14
	民主党派	0	0.00
	群众	20	3.45

从调查对象的性别结构来看，男生人数为 244 人，占有效人数的 42.07%；女生人数为 336 人，占有效人数的 57.93%，男女比重相对均衡。

从调查对象的年级学历分布来看，本科生人数为 368 人，占有效人数的 63.45%；硕博研究生人数为 212 人，占有效人数的 36.55%。其中本科生中一年级学生为 24 人，占比 4.14%；二年级学生为 136 人，占比 23.45%；三年级学生 60 人，占比 10.34%；四年级学生 148 人，占比

25.52%。总体上看，调查对象年级学历覆盖高等教育各个层次，保证调查对象具有一定的代表性。

从调查对象的专业类别来看，文科类专业有231人，占比39.83%；理科类专业156人，占比26.9%；工科类专业113人，占比19.48%；艺体类专业48人，占比8.28%；其他专业32人，占比5.52%。总体来看，调查对象所学专业科学分布广泛。

从调查对象的政治面貌来看，中共党员（含预备党员）72人，占比12.41%；共青团员488人，占比84.14%；民主党派0人，占比0.00%；群众20人，占比3.45%。

通过以上分析可知本次调查问卷的样本基本情况。调查对象男女均衡，年级学历覆盖全面，专业学科类别宽泛，政治面貌包含广泛，为分析大学生社会主义核心价值观培育的生活化现状提供了重要样本支撑。

二、大学生社会主义核心价值观培育生活化的有利因素

通过对调查数据的分析可以得到，当前大学生的价值观培育取得了一定的成就，大学生价值观总体良好，他们对社会主义核心价值观培育生活化持重视态度，社会主义核心价值观培育融入日常生活的趋势不断增强，为大学生社会主义核心价值观培育的生活化提供了一系列有利因素。

（一）大学生核心价值观培育整体呈现积极向好的态势

首先，大学生对社会主义核心价值观的认知度较高。在本次调查中，大学生对社会主义核心价值观总体上都有了解，在对“您能否准确完整地说出社会主义核心价值观的具体内容”一问的回答中（见图1-4-1），能准确表述核心价值观内容的大学生占比达60%，能说出核心价值观部分内容的大学生占比达30.34%，只有少部分人表示对核心价值观模糊不了解。可以看出大学生对社会主义核心价值观认知情况良好，大多数大学生能够知道并认识到社会主义核心价值观的基本内容和文字表述。

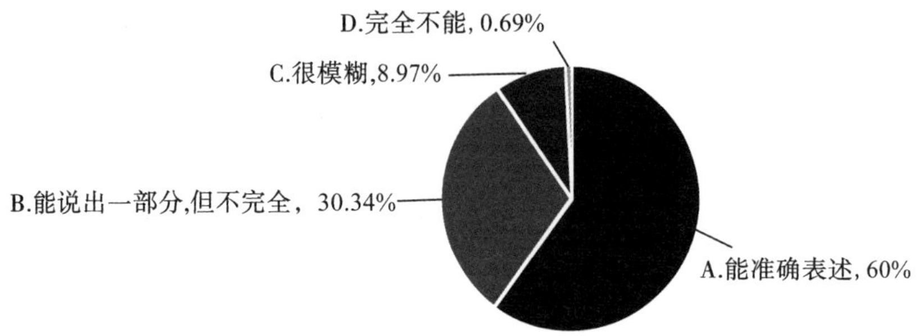

图 1-4-1 第 8 题“您能否准确完整地说出社会主义核心价值观的具体内容”回答情况

其次,大学生对社会主义核心价值观的认同度良好。问卷在问及“您看待社会主义核心价值观的态度是”(见图 1-4-2)一问时,高达 86.9%的大学生认为社会主义核心价值观与日常生活紧密联系,应该积极学习并践行,只有极少数大学生表现出漠视态度。总体来看,调查对象对社会主义核心价值观具有很高的期许,表达了对核心价值观的肯定和认同。

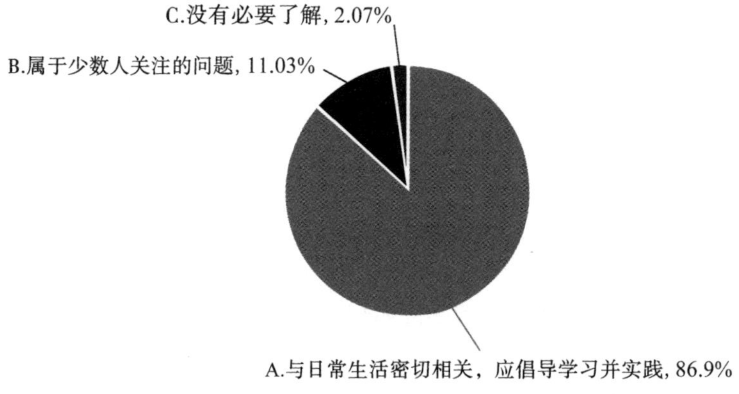

图 1-4-2 第 9 题“您看待社会主义核心价值观的态度是”回答情况

最后,大学生个人价值观呈现出健康、积极向上的状态。对大学生进行信仰状况调查的数据显示,60.69%的大学生信仰马克思主义(见图 1-4-3),马克思主义信仰占据主体地位。在回答“您认为定义一个人人生价值的标准是”这一问题(见图 1-4-4)时,高达 89.66%的大学生选择以对社会贡献的大小作为衡量人生价值的标准,可见大学生价值观培育取得了一定的成效。

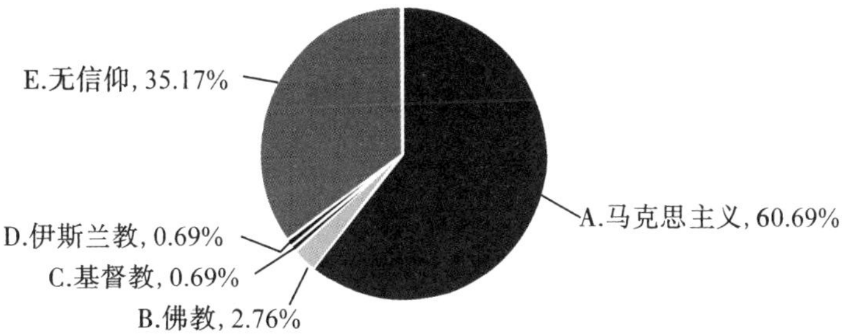

图 1-4-3　第 5 题“您的信仰是”回答情况

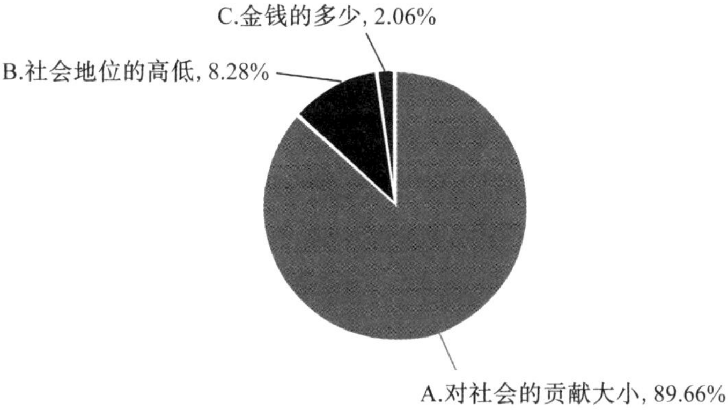

图 1-4-4　第 21 题“您认为定义一个人人生价值的标准是”回答情况

(二)多数大学生对核心价值观培育生活化持肯定、重视态度

只有落到生活中,在生活中扎根,才能真正将理论“落小、落细、落实”。高校在推进大学生社会主义核心价值观培育时,要切实联系大学生生活,让大学生真正认知、认同、践行社会主义核心价值观。调查显示,大学生自身对社会主义核心价值观融入生活抱有极大的肯定和重视态度。在“您认为学习社会主义核心价值观能为自己的日常生活带来改变吗”(见图 1-4-5)一问中,调查问卷结果显示,95.17%的大学生给出了肯定回答,表现出大学生对社会主义核心价值观引领日常生活的期许。此外,在被问及以何种形式培育社会主义核心价值观更有效时,84.83%的人选择了“贴近生活的实践教育”一项(见图 1-4-6)。从中我们也可以看出大学生对核心价值观培育融入生活持肯定、重视的态度。

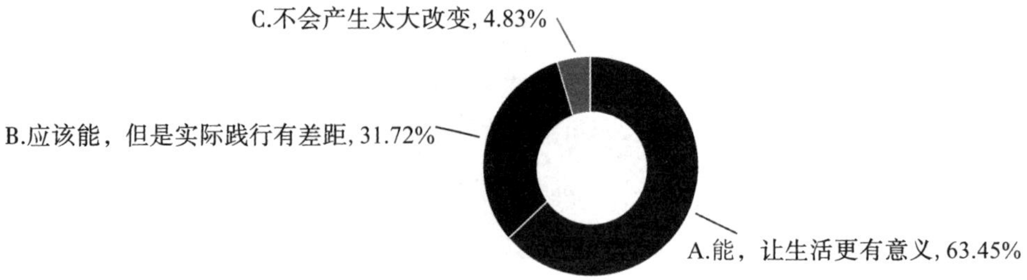

图 1-4-5　第 13 题“您认为学习社会主义核心价值观能为自己的日常生活带来改变吗”回答情况

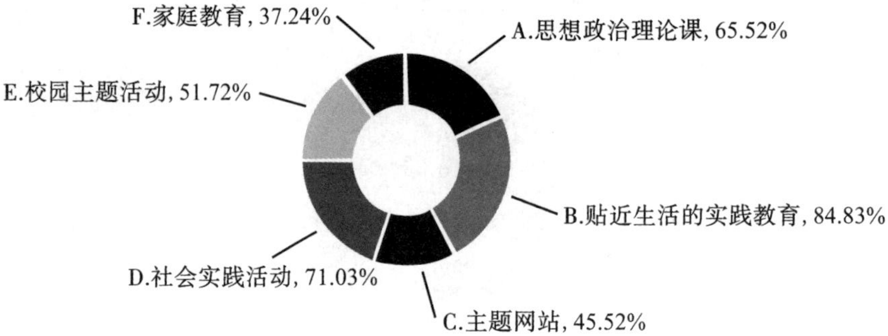

图 1-4-6　第 15 题“您认为哪种形式的社会主义核心价值观教育更能发挥作用”回答情况

(三)核心价值观培育融入日常生活的趋势不断增强

习近平总书记指出:“一种价值观要真正发挥作用,必须融入社会生活,让人们在实践中感知它、领悟它。要注意把我们所提倡的与人们日常生活紧密联系起来,在落细、落小、落实上下功夫。”①此后,国家、社会和学校展开了社会主义核心价值观培育融入日常生活的有益探索,并取得了的一系列成就。问卷显示,97.93%的大学生表示在公共场所经常看见社会主义核心价值观的宣传标语(见图 1-4-7),起到了很好的宣传作用。在统计常见社会主义核心价值观标语的场所时,路边标语牌占 93.1%,公园、景区内占 69.66%,校园内占 82.07%,网络媒体上占 72.41%(见图 1-4-8)。表明了国家、社会、学校在社会主义核心价值观培育的生活环境营造方面的相应努力,并取得了显著成效。

① 习近平:《习近平谈治国理政》(第一卷),外文出版社 2018 年版,第 165 页。

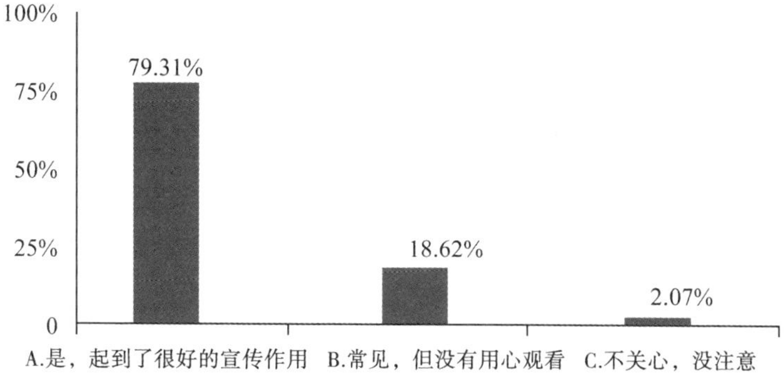

图 1-4-7　第 10 题“您在公共场所是否经常看见社会主义核心价值观的宣传标语”回答情况

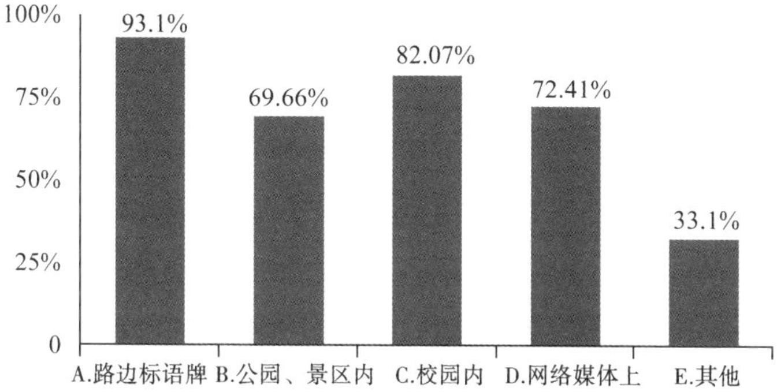

图 1-4-8　第 11 题“您日常生活中经常在何处能看见社会主义核心价值观的宣传标语”回答情况

三、大学生社会主义核心价值观培育生活化存在的问题

大学生价值观整体上是积极向上的，具有相应的社会责任感。然而，市场经济条件下的价值物化、功利主义和过度的消费主义倾向性严重，社会整体价值观严重偏离轨道，都对大学生的价值观确立产生不良影响。

（一）部分大学生在生活中价值观失衡

第一，大学生价值观失衡主要表现为信仰缺失。人们的社会行为受信仰引导，没有信仰，就失去了前进的方向和动力。调查问卷显示，在问及“您的信仰是”这一问题时，35.17％的大学生表示无信仰（见前文图 1-4-3）。我们虽然致力于让大学生树立远大理想，但事实并不如人意，仍有部分大学生出现信仰缺失问题,甚至是处于无信仰状态。大学生信仰缺失的原因主要有两个方面。一方面,马克思主义信仰不坚定。大学生自身对马克思主义的认知误区是其信仰不坚定的主观原因,大学生接触马克思主义主要通过课程学习的方式,很大程度上仅停留在理论层面,传统的学习方式也影响大学生真正认知马克思主义。加之大学生对马克思主义的理解往往先入为主,脱离现实理解马克思主义,无法做到主观上接受马克思主义为信仰。另一方面,个人理想信念缺失。受一些不良主义和腐朽思想的影响,部分大学生价值观念扭曲、社会责任感不强、诚信意识淡漠、道德品行滑坡严重,没有远大理想可言。

第二,个人本位与社会本位相冲突。以个人为本位,主张个人的价值高于社会的价值,社会存在的价值在于为个人发展服务。社会本位则将社会价值置于一切价值之上,可以牺牲个人特殊利益以追随社会共性价值。结合本次调查问卷,73.79%的大学生表示当前最关心的是个人的学业、就业前途,仅有8.97%的大学生当前最关心社会的发展进步,17.24%的大学生选择了当前最关心国家的繁荣富强(见图1-4-9)。这一数据并不乐观,大学生对个人前途命运的关注远远超过了对国家、社会发展的关注,表现出个人本位与社会本位之间的矛盾。

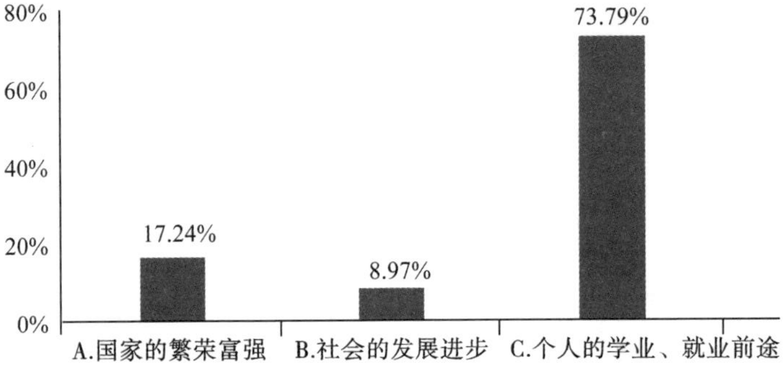

图1-4-9　第7题“您当前最关心的是”回答情况

不可否认的是,个人与社会、利己与利他、风险与牺牲的冲突一直是价值论永恒的矛盾,但又必须从中进行价值行为选择。从道德价值选择来看,大学生在价值观念中并不反对无私奉献、舍己为人、怀义去利等道德精神,但也不会以此作为行为选择的标准,而更多的是注重自我发展和自我实现,即在不损害他人利益的情况下,以个人利益为重。大学生的个人本位倾向,是价值观教育亟待解决的一个问题

(二)部分大学生核心价值观存在知行转化困难

价值观教育不仅停留在知识层面,还是一个涉及理性认知、价值判断、实践行为等多个层面的综合过程。认知是前提,实践是归宿,这是核心价值观培育的起点和终点。问卷第13题中表示认识到社会主义核心价值观能够为自己的日常生活带来有意义的改变,但是实际践行有差距的大学生占31.72%(见前文图1-4-5),这表明部分同学能够认识到社会主义核心价值观的意义,但在日常生活中往往无法完全做到。

大学生社会主义核心价值观培育中面临的知行转化困境,大体表现在三个方面,内化难,转化慢、践行少。首先,以往的社会主义核心价值观培育注重学生理论层面的提高,忽略了对大学生情感方面的培养,而道德感和理想感是"情感"发展的最高形式,传统培育方式难以让学生将所学知识自觉内化为情感,也就无从谈及道德感和理想感的形成。其次,社会主义核心价值观内容抽象,越是抽象的东西,越是远离日常生活,越不容易转化为内心信念。抽象的价值观念要经过情感内化,再外化为大学生日常生活的行为准则,这是一个长期、复杂、渐进的过程。最后,行动是对认识的落实。大学生在日常生活中要做到知行合一确实存在困难,停留在知的层面,少于付诸行动。这既有大学生自身思想认识的局限性原因,也有社会制度支撑脆弱的原因。大学生知行转化困难、知行不一是当前核心价值观培育面临的一个突出问题。

(三)高校核心价值观培育形式单一,渗透力不足

高校在社会主义核心价值观宣扬、培育方面的一系列努力预期效果不佳。通过调查,仅有47.59%的同学表示所在学校开展过社会主义核心价值观相关主题活动,43.45%的同学表示学校偶尔开展相关活动,甚至还有7.59%的同学表示对学校是否开展过社会主义核心价值观相关主题活动并不了解(见图1-4-10)。高校作为培育青年大学生价值观的主要阵地,调查得出这样的数据并不尽如人意。结合调查问卷第18题"您参加过学校开展的社会主义核心价值观相关主题活动吗?",有38.62%的同学选择了经常参加,52.41%的同学选择了偶尔参加,8.97%的同学则表示从没参加过(见图1-4-44),数据显示大部分同学参加此类活动的频率并不高。由此可见,高校在社会主义核心价值观宣扬、培育方面发力不足,宣传不到位,培育形式比较

单一，无法吸引学生注意力，难以全面深入学生的日常生活。

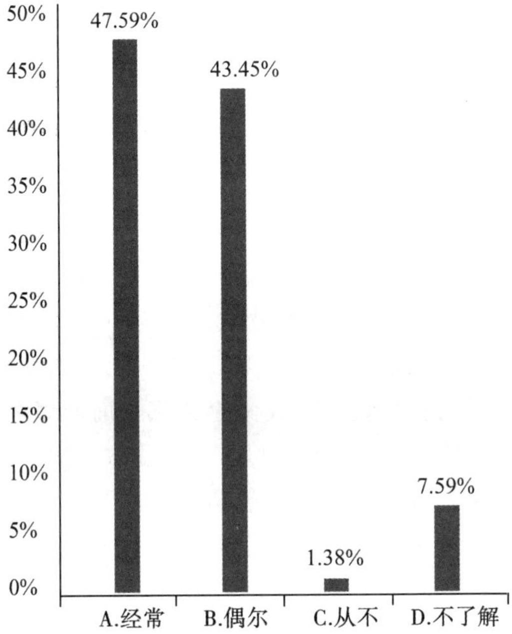

图 1-4-10　第 17 题“您所在的学校是否开展过社会主义核心价值观相关主题活动”回答情况

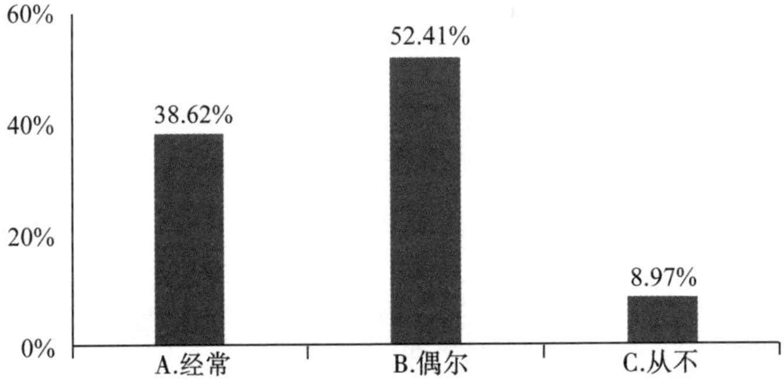

图 1-4-11　第 18 题“您参加过学校开展的社会主义核心价值观相关主题活动吗”回答情况

一方面，高校社会主义核心价值观培育形式单一，创新不足。经过调查发现，高校在社会主义核心价值观培育方式上过于单一，除必要的思想政治理论课，课外的相关主题、实践活动并不多，培育渠道创新不足，无法提高学生对社会主义核心价值观的关注。另一方面，高校的核心价值观培育易走向两个极端。一极是理论化、深奥化，一极是官方化、简单化。过于理论化、深奥化容易造成大学生不愿认真了解社会主义核心价值观，认为其空、虚、远；过于官方化、简单化，又无形中拉开了社会主义核心价值观与大学生日常生活的距离。

（四）网络乱象弱化核心价值观的权威性

随着网络时代飞速发展，大学生日常生活受网络影响增大。调查显示，在大学生日常闲暇生活的时间分配管理中有85.52%的大学生选择了上网（见图1-4-12），是所列举休闲活动中占比最高的一项，上网成为大学生休闲消遣的主要选择。在调查大学生"认为影响社会主义核心价值观落实到生活中的因素有哪些"时，有66.21%的同学选择了网络负面信息（见图1-4-13），在所列举因素中居于第二位。因此，网络环境对大学生价值观的培育效果具有重要影响。

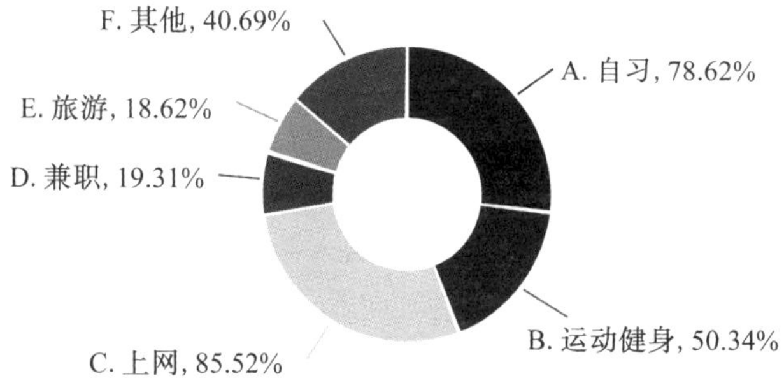

图1-4-12　第6题"您在日常闲暇生活中，时间分配占前三位的是"回答情况

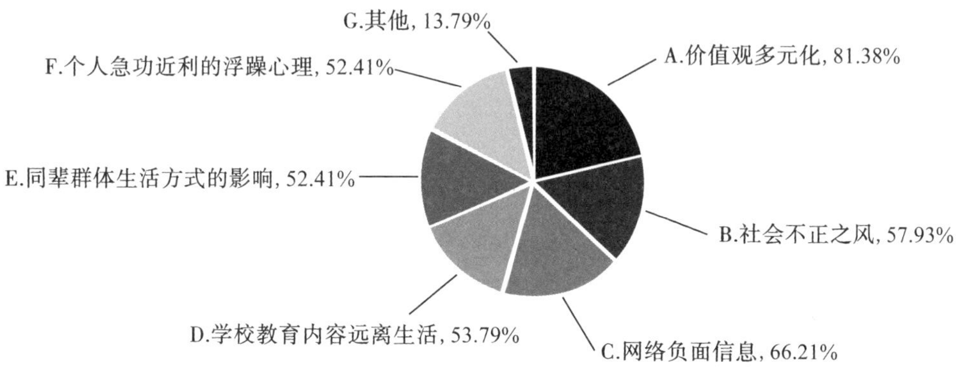

图1-4-13　第22题"您认为影响大学生将社会主义核心价值观落实到具体生活中的因素有哪些"回答情况

网络开放性、及时性、广泛性、平等性等特点，成为大学生日益重要的生活工具。大学生愿意通过网络延伸交往范围、接触不同的思想文化，但也正是网络的开放性、多元性特点又使得大学生受到来自不同文化信仰、观念态度等的影响，易形成多元化的价值观。同时，网络的虚拟性、隐蔽性让各种真假难辨的信息肆意传播，网络监管不力造成虚拟空间存在许多道德问题，大学生价值判断不够成熟，无法辨别信息是否可靠性，导致他们会接收并传播一些不良信息。网络环境下的西方意识形态渗透和网络空间文化乱象，弱化了社会主义核心价值观的权威性，导致大学生个人和群体价值观的混乱，影响大学生树立正确的价值观。

四、存在问题的原因分析

结合调查分析，大学生社会主义核心价值观培育生活化过程中存在一系列问题，造成这些问题的原因主要有以下五个方面。

(一)多元文化和多元价值观的冲击

调查问卷显示，价值观多元化是影响大学生社会主义核心价值观培育落实到生活中的最大影响因素，选择“价值观多元化”的大学生占有效调查人数的81.38%(见前文图1-4-13)。价值观多元化实质上是对价值观发展的中性评价，随着改革开放的深入发展，人们的社会生活更加丰富多彩，跨越民族和地域的价值观念、社会思潮相互碰撞交流，价值观必然会走向多元化趋势。大学生又恰好是社会中思想最活跃、个性最突出的群体，是各种价值观念的“易感”群体，这就决定了多元文化和多元价值观对大学生价值观极易产生影响。

在价值观心理接受层面，大学生更加包容。当今大学生成长于开放的社会环境，在价值观接受方面持开放性态度，对多元价值观的认同及接纳持更加宽容的心态。

在价值观形成方面，大学生价值观的形成具有不确定性和变动性。价值观一旦形成，便具有稳定性和持久性，作用于人的认知、判断、行为。大学生个体价值观未经长期固化，尚不稳定。此外，大学生价值观形成受感性因素的影响大于理性因素，价值观念具有很高的可变性，随时会调整心态以确定新的价值观念。在各种价值观相互交织的社会环境下，如果没有主流价值观引导，大学生容易陷入混乱、冲突、迷失之中。

在价值评判准则方面，大学生价值评判准则多种多样。在文化多样的时代，大学生包容的价值观接受心理，直接导致他们的价值评判标准也更加宽容、多样。因此，在处理一些道德问题上，大学生看待问题的水平参差不齐，难以坚持主流价值观的导向作用，易将“一”与“多”的关系本末倒置，造成一定程度上的价值冲突，最终导致价值观混乱。

(二)核心价值观培育与大学生日常生活相疏离

1.宏大的价值目标与微观的个人目标之间的疏离

从社会主义核心价值观教育的特性来看，它既不同于古代的个别教育，也不属于近代宗教教育，而是为国家服务的教育，代表国家的要求。中华人民共和国成立以来，我国对社会主义核心价值观的建设越来越重视，强调主流价值观对和谐文化的引领作用。但长期以来，社会主义核心价值观理论的创新发展远远超过了其指导日常生活实践创新发展的步伐，大学生核心价值观培育的理想目标忽略了大学生个人目标的现实性。

2.抽象的教育内容与具象的日常生活之间的疏离

在大学生社会主义核心价值观教育的实践中，教育者往往用理论概念建立起来的抽象世界去代替大学生生动活泼的生活世界，使得本应指导美好生活的社会主义核心价值观理论与日常生活渐行渐远。

一方面，社会主义核心价值观教育内容强调知识化，忽视大学生的实践基础。在传统知性教育的影响和冲击下，由于核心价值观教育和工具性的技能教育都具备系统的理论知识，因此将核心价值观教育也纳入知性教育范畴，核心价值观教育就变成了关于思想、政治、道德的知识教育。在这样的教育背景下，核心价值观的理论教育成果与大学生日常生活实践脱离，两者“各自为政”，教育成效甚微。

另一方面，社会主义核心价值观教育内容忽视学生的精神生活。社会主义核心价值观是社会主义的本质要求，而高校是意识形态争夺的关键场所。因此，加强对大学生的社会主义核心价值观教育一直是意识形态建设的重要举措。社会主义核心价值观本该就是对大学生个体价值和生命精神的指明灯。“教育的任务首先不在于教会受教育者多少知识和本领，它最基本的任务是教他们如何去发现生活世界中的真诚、善良和魅力，教他们用一颗真诚的心去融入社会、理解他人、关爱生命”①教育不能重规范轻人文，核心价值观教育必须从远离生命世界的困境中走出来，回归个体精神需要，关注生活世界。

3.单一的教育手段与灵活多变的日常生活之间的疏离

第一，核心价值观教育的方法过于简单化。长期以来，大学生在相对封闭的环境中受教育，这种教学方式是一种传统权威式的单向灌输教育，教育过程体现出对主体的强制和约束，它所设定的教育成果是以理想的真空社会为前提的。但大学生的生活是灵活多变的，以固定的理论体系用到多变的生活中，成效甚微。不可否认，灌输教育在一定条件下是值得选择的教育方法，但在价值观多元化、各种信息铺天盖地的社会中，灌输教育已经无法满足大学生个性发展的教育需求。灌输教育带给大学生的影响是既定的、有限的，单一的教育方式难以唤醒学生的内心良知，更难以起到升华大学生生命价值的作用。

第二，教育过程中存在话语霸权。核心价值观教育中的话语权需要合理的分配和使用，这是核心价值观教育顺利进行的重要手段。但在我们的实际的核心价值观教育过程中，存在话语霸权的现象。一方面，教学互动中存在话语霸权。核心价值观教育过程应该是讲授与反馈双向互动的过程，但在实际教学中，核心价值观教育成为一个单向传输的过程，受教育者充当了忠实听众，失去了师生互动、问答结合的意义。另一方面，教学文本解释存在话语霸权。在核心价值观教育过程中，教育者往往采取解释和说明的方式，极力让教育者理解并接受抽象的理论知识。这样做容易出现教育者对核心价值观文本进行过度解读的现象，也进一步导致了核心价值观教育教学过程的僵化，拉开了师生之间相互交流、理解、信任的距离。

（三）复杂的网络环境对大学生价值观造成冲击

网络环境下价值观的自由化、多元化对大学生培育社会主义核心价值观造成巨大冲击。根据中国互联网络信息中心统计，至 2020 年 3 月，中国

① 肖川：《教育的理想与信念》，岳麓书社 2002 年版，劳凯声序，第 2 页。

网络用户使用人数达 9.04 亿,30 岁以下网民占 21.5%,其中青年学生占比高达 26.9%。由此可见,青年学生群体是网络使用的活跃群体。在调查问卷中显示,有 66.21%的大学生认为负面的网络新闻对社会主义核心价值观的落实产生消极影响(见前文图 1-4-13)。可见,在网络迅猛发展的时代,信息交流实现最大化,大学生在这种交流中不断产生思想火花的碰撞,但也要看到网络对核心价值观培育带来的冲击。

1.网络对核心价值观的理论根基造成冲击

网络环境的出现和发展带来的新情况、新问题是马克思主义经典作家不能预料到的,一些网络新事物超出了马克思主义的解释范围。马克思主义对现实生活的引导、批判和解释与现实生活之间并不同步,在一些新事物领域陷入了暂时性的"失语"境地,这对马克思主义基本理论的权威性带来了巨大冲击。

网络环境下社会思潮更显自由化、多样化,各种思潮相互激荡,碎片化信息纷繁复杂,大学生在价值判断和价值选择上趋向多样性。一些虚假恶意的信息抢占网络舆论传播的先机,混淆大学生视听。网络世界乱象丛生,为西方国家的价值观输出提供了可乘之机,西方社会思潮伺机借助网络实现意识形态的渗透,腐蚀大学生的观念,妄图削弱社会主义核心价值观的崇高感。

2.网络对大学生核心价值观的教育内容产生冲击

首先,网络时代造就了一批"速成"的成功人士,他们的成功少不了机遇,但更是个人努力的结果,是必然性和偶然性的统一。但大学生缺乏对网络经济的正确认识,缺少艰苦奋斗的信念,寄希望于偶然性事件,这不利于对大学生的理想信念教育。其次,网络将世界联系在一起,天然的地域屏障和民族的文化归属感变得模糊,大学生的爱国情怀得不到真切的体会和实现,淡化了大学生的爱国主义情感。最后,网络空间的开放性让大学生的言论自由得到充分实现,而网络言论的道德性一定程度上取决于大学生个人的自律性,如果不加以正确的引导和约束,也会使大学生道德教育陷入困境。

3.网络对大学生自身成长发展和日常生活造成冲击

大学生是新思想、新思潮的"易感"人群,又是网络环境中最活跃的群体,他们的思想观念和行为特征都极大地受到网络影响。网络传播手段隐蔽,不乏一些恶意散播不良信息的行为,近年来发生在大学生身上的"网络诈骗”“校园贷”等现象层出不穷，一旦身受其害，会对大学生心理健康造成伤害，影响他们的正常生活和学习。

（四）核心价值观培育的合力作用发挥不够到位

核心价值观培育生活化的展开，不是交由哪个培育主体单独完成的，而是需要国家、学校、大学生个人等各方面合力共同参与。当前各培育主体合力作用的发挥仍不够到位，导致培育效果得不到显著提升。

1.国家制度层面有待健全

将国家制度的完善引入核心价值观培育生活化，旨在为核心价值观培育提供物质、经费、队伍等资源和要素，以保证培育过程的顺利展开。社会主义核心价值观的宣传在党、国家和人民的不懈努力下取得了显著成绩，但培育是一项长期工作，更需要在制度层面不断加强顶层设计，为培育生活化提供制度保证。因此，国家应在核心价值观培育的立法程序、行政运行和司法监督等方面形成明确的法律规范和制度规定，明确各领域、各部门的任务分工，建立健全的培育制度。

2.学校主动作为不够积极

学校承担大学生价值观培育的主要责任，立德树人是学校教育的核心要义，是学校教育本身所包含的必然任务。当前，部分高校对核心价值观培育的重视程度不够，存在一定的形式主义教育活动，对教育的实际效果漠不关心，打破了培育效果的长期性和连续性规律，难以实现预期的教育目的。相当一部分高校存在这样的教育困境，自知但不自治，主动作为不够积极，甚至不作为。只有改变高校内部的办学教育理念，才能真正发挥高校教育活动的教育意义。

3.大学生自主性发挥不够

大学生核心价值观培育的自主性是指激发大学生的主动意识和能动意识，在日常生活中变被动接受为主动学习、践行核心价值观。大学生自主性发挥不够主要有以下三点原因：(1)自主性学习的意愿不高。(2)自主性管理能力不够强。(3)日常生活的自主性反思欠缺。因此，应改善培育环境，提高大学生自主学习的积极性；转变培育理念和方式方法，提高大学生自主管理能力；注重日常生活中的核心价值观引导，帮助大学生建立自主性反思思维。

(五)大学生心理、自我教育意识发展不够成熟

1.大学生心理发展尚不成熟,价值观容易出现偏差

大学生是青年群体的中坚力量,各项身体机能以及心理机能,如感知、记忆、思维等,已基本发育成熟,但情绪不稳定,极易冲动,在控制情绪和行为方面还不完全成熟,心理水平正经历由稚嫩走向成熟。而当代大学生正处于一个价值观多元化、生活节奏快速化的时代,由于缺乏生活经验,形成的世界观有一定的理想化,在看待现实问题上不能保持客观辩证的态度,难以把握理想和现实的平衡点。因此,处于这一年龄阶段的大学生,在多样的价值选择中往往以自我为中心,以自我判断为标准,主要表现为在涉及自我与他人、个人与社会的利益关系时,以个人利益为重,在专业、职业选择等方面,以实用为目的。

2.大学生自主学习能力强,但自我教育意识薄弱

"心理学的研究表明,人的智力水平发展的最高峰阶段为18～24岁,大学阶段正处于人生的智力发展水平的黄金时期。"[①]这一时期大学生的智力水平得到了极大发展,脱离基础教育的牵引,具备了较强的自主学习能力和丰富的知识储备。但是大学生从"知"到"行"的自觉转化意识薄弱,缺乏自我教育的意识。如果说学校教育是引领学生从此岸到彼岸的桥梁,那自我教育意识的确立则是学生在彼岸落地生根的根本。薄弱的自我教育意识使大学生难以在日常实践中总结升华生活哲理,进而难以发挥生活的教育意义,变原本主动接受的生活教育为被动灌输的理论传递,教育效果大打折扣。因此,大学生社会主义核心价值观要实现从"知"到"行"必须提高自我教育意识,依靠自我教育实现知行转化。

① 谢安国、纪安玲、陈卓:《大学生思想政治工作专题研究》,人民出版社2019年版,第45页。

第五章　大学生社会主义核心价值观培育生活化的路径建构

如何实现核心价值观培育深入大学生生活，走进大学生内心，即培育生活化的路径建构问题，要从建构原则和具体实践路径着手。具体路径的探索必然要以科学的建构原则为方向指导，而科学的原则需要落实到具体实践中。

一、建构原则

(一)理论教育与实践教育相结合

理论教育法是我们党长期思想政治工作的成功经验总结，一直以来也是高校思想政治教育的主要方法。“之所以要有理论教育法，是因为政治理论、思想观念、道德原则等精神文化，有其自身的发展规律和特殊作用。”[①]社会主义核心价值观的培育同样适用，只有掌握了理论，才能更好地运用于实践。理论教育法有其自身的优势，通过摆事实、讲道理，传达科学的思想和理论，内容具有科学性和权威性，能够让受教育者在短时期内快速准确地掌握科学理论。但是理论教育法也有不可避免的缺点，它以语言讲授为主要表现形式，传递知识内容，在简洁、高效的同时，也脱离了大学生实际生活，造成受教育者需求与传授的理论内容之间的疏离。马克思指出：“人应该在

① 魏锦京、郝晓丽、张月主编：《新时代大学生思想政治教育研究与探索》，研究出版社2019年版，第181页。

实践中证明自己思维的真理性，即自己思维的现实性和力量，亦即自己思维的此岸性。”[①]社会主义核心价值观的科学性也应在实践中使大学生得到情感上的共鸣。

实践教育法旨在通过社会实践实现教育目的，通过增加生活体验和情感经历不断提高受教育者的思想水平和认识能力。社会主义核心价值观培育生活化应重视实践教育法。青年大学生大部分时间在学校里度过，生活经验和实际知识储备不足，积极的生活体验不仅增加了生活经验、拓宽了视野、增长了才智，又可以亲身感受国家社会的发展变化，更加坚定社会主义信念。大学生社会主义核心价值观培育生活化的最终目标是成为青年大学生的生活指南，为他们的日常行为提供价值指导。因此，要实现理论与实践的不断融合，推动理论教育与实践教育相结合。

(二)正面灌输教育与价值启发相结合

社会主义核心价值观教育是一种意识形态教育，按照马克思主义的观点，正面灌输教育是进行意识形态教育必不可少的一种方法。恩格斯提出："完成这一解放世界的事业，是现代无产阶级的历史使命。深入考察这一事业的历史条件以及这一事业的性质本身，从而使负有使命完成这一事业的今天受压迫的阶级认识到自己的行动的条件和性质，这就是无产阶级运动的理论表现即科学社会主义的任务。”[②]但由于当前教育中对灌输理论的错误解读和不当使用，使灌输理论成为“教条”“僵化”“填鸭式”的代名词，社会主义核心价值观在课堂教育中也变成了生硬的理论传输。正面灌输强调教育者在理论教育中进行启发、引导，帮助受教育者通过亲身体验，得出对日常生活的认识，进而对所学知识达到深层的理解。正面灌输在今天对思想政治教育工作的展开还依然具有重要意义。启发教育重在通过循循善诱，最终实现学生的自我教育。它的优势在于开发学生潜在才能，引导学生学会学习并自主学习。从正面灌输教育和启发教育的内涵来看，两者都属于教育的具体方式，且具有目标上的同一性，都注重对学生的引导，以帮助受教育者成长为目标。

---

① 《马克思恩格斯选集》(第一卷)，人民出版社 1972 年版，第 16 页。

② 《马克思恩格斯选集》(第三卷)，人民出版社 1995 年版，第 760 页。

（三）方向性与多元性相结合

价值观多元化实质上是对价值观发展的中性评价，全球化带来了外来价值观对本土价值观的冲击，不可避免地出现社会思潮相互交织的情况，这虽然有利于塑造大学生独立的思考方式、激发潜在的创造力，但也要注意，各种社会思潮迸发的同时，也造成了大学生价值选择的盲目性、自发性。比如，当前大众传媒对大学生价值观的形成最具影响力，大众文化以其短时、快速的特点得到大学生群体的喜爱。大众文化一般不带有鲜明的意识形态倾向，多数人都能在大众文化产品中找到自己喜欢的类型。但大学生在消费这些文化产品时，若不加以理性思考，很容易就被不良恶俗信息影响，丧失对生活的热情和对理想信念的追求。大学生社会主义核心价值观培育生活化坚持方向性原则，就是要始终坚持以马克思主义为指导思想，始终与人民群众站在一起。尤其在思维活跃的大学生群体中，在抓好核心价值观示范功能的同时，要保证各种思想互动交流的自由，吸收其中有益的文化，为大学生想象力、创造力的持续迸发提供自由包容的环境。

（四）先进性与广泛性相结合

坚持先进性和广泛性相结合，也就是要把社会主义核心价值观培育的提高与普及相结合。所谓“先进性”就是要发挥先进思想、先进人物的带头模范作用，始终用先进性引领核心价值观的培育，强调核心价值观培育成果的“提高问题”。所谓“广泛性”是指教育范围的广泛，教育对象包含一切人民群众，强调的是核心价值观培育的“普及问题”。

要发挥先进思想、先进道德模范的带头作用，实现核心价值观培育的水平由低层次向高层次过度，就是要坚持以马克思主义为指导思想，全心全意为人民服务，倡导社会主义社会的价值观念和道德规范，坚定共产主义信仰。充分利用好大学生身边的层级示范作用，要重视大学生群体中党员干部的核心价值观培育，充分发挥党员干部等先进分子的带头模范作用，坚持用先进性的要求教育先进分子，发挥先进分子的影响作用，以点带面，普及开来，实现核心价值观培育的广泛性。先进性与广泛性两者各有侧重，相互补充。每个大学生接受核心价值观培育的起点都不相同，在培育过程中思想道德的发展速度也有所差异，要实现将大学生培育成具有社会主义理想人格的人的目标，必须分阶段、分步骤地进行。先进性要求指导广泛性要求，而广泛性要求是先进性要求的基础。大学生核心价值观培育只有达到一定程度的广泛性要求，才能继续奔向更高一级的先进性要求。这样二者相互推动发展，逐步将核心价值观的培育引向更高水平。

二、具体路径

（一）优化高校贴近生活的核心价值观培育体系

高校作为大学生价值观培育的主阵地，要做到各教学环节的设定以大学生自身发展需求为出发点，立足于大学生日常生活，以实现美好有意义的生活为归宿，才能更好地实现高校社会主义核心价值观培育，关照大学生生活的方方面面。

1.培育目标立足现实生活

培育目标要有层次性。设立不同层次的培育目标主要取决于三个方面。首先，培育对象具有层次性。从大学生个体来看，每个人思想道德状况、人格素质水平各不相同，可以划分为不同层次。从大学生群体来看，群体与群体之间存在差别，同一个群体内部也由不同层级组成。因此，社会主义核心价值观培育的目标也应具有层次性，针对同一层级大学生的价值观教育，教育目标也应以此为教育起点。没有针对性的一刀切教育，只会让效果大打折扣。其次，大学生思想意识具有层次性。思想意识的发展始终遵循从低向高发展的规律，只有较低层次的思想意识发展完备，才能不断学习拓展，向更高层次发展。最后，人的思想道德发展具有层次性。大学生思想品德的形成发展由他所处的社会关系决定，此外，个人心理、生理素质的差别也会影响其发展的程度。因次，针对不同思想道德发展阶段的大学生，教育目标应划分相应的层次。

培育目标要有针对性。一方面，要深入实际，加强对大学生个人、群体的调查研究，准确了解大学生不同层次、不同阶段的价值观思想特点。大学生思想的差异性是客观存在并且并长期存在的。因此，要直面大学生之间的差异性，准确了解和把握实际情况，科学认识每一层次大学生的思想特点，有针对性地制定目标。另一方面，制定目标要明确普通大学生和先进分子之间的区别。对于大学生中的共产党员、班级干部等先进分子，应坚持高标准、高要求，不仅要完成基本教育目标，更要培养他们成为优秀的共产党员，使他们在大学生群体中成为“领头羊”。对于普通大学生，要制定基础教育目标，帮助他们拥有正确的价值取向，鼓励他们在做好本职工作的同时向远大目标前进。

培育目标要有现实性。核心价值观培育目标的制定要紧密结合大学生个人发展情况和日常生活实际，切莫空洞化、理想化。脱离实际的目标是毫无意义的，实质上就是要把握好社会主义核心价值观的亲和力和崇高性之间的关系。“崇高性是指核心价值观反映社会和人类的长远利益和未来发展方向，具有激励人心和鼓舞人们不断前进的发展特性，而且它的价值观念包含着非常高尚和值得人们前赴后继为之献身的内在合理性。”[①]核心价值观源于社会生活的需求，但是又超越它而存在。因此，社会主义核心价值观的培育更要处理好培育方式的亲和力和培育目标的崇高性之间的关系。首先，培育目标要具有可行性。社会主义核心价值观具有先进性和崇高性，它内在的特性就是激励人心，鼓舞人们不断发展前进。从崇高的社会主义核心价值观落实到大学生平凡的日常生活，需要一个合理、科学的培育目标实现两者之间的过渡。这个目标的设定既要有一般道德价值，又要具有超越性；既不能脱离大学生生活实际，又要保证社会主义核心价值观的崇高性在大学生日常生活中发挥导向作用。其次，培育目标要结合大学生个人思想品德发展的实际。大学生在接受系统的价值观培育之前，主要受他人的经验和个体实践活动两个因素影响。他人的经验影响主要来源于家庭成员，这是既定的不可选择的。而个体实践活动是最活跃的影响因素，不断重复的日常衣食住行等实践活动，决定了其在实践中形成的价值观持久不易变。大学生的价值观在进入大学之前已经具备雏形，形成了相对稳定的行为习惯和生活态度，因此，对大学生核心价值观培育目标的制定要结合大学生已有的生活阅历和已经形成的思想道德雏形。

2.培育内容契合现实生活

第一，注重培育内容的实践性。日常生活是最一般层面的实践活动，社

① 王泽应:《社会主义核心价值观之本质规定性及路径选择》,《湖南师范大学社会科学学报》2007年第5期。

会主义核心价值观是生活的升华,其培育内容也必然要具备日常生活的可实践性特征。社会主义核心价值观不仅要在非日常生活领域加强研究和传播,更要发挥在日常生活中指导个体思想、行为的积极作用。以往核心价值观培育内容往往局限于抽象的价值观念的灌输,教育内容空泛,忽视与具体生活实践进行创造性结合。要实现培育内容的创新,就要以生活为中心,选取生活中鲜活的素材充实教育内容。如借助重大节日庆典、社会支教活动、日常升旗仪式等实践形式,将价值理论的内涵植入到多样的实践活动中,让大学生的日常生活实践引领社会主义核心价值观的确立。摒弃以往重理论轻实践的教育理念,在生活化培育的过程中重视培育内容的实践性。

第二,培育内容要能解决现实生活问题。高校进行社会主义核心价值观培育的生活化,其目的就在于帮助大学生解决生活困惑,直面人生难题,不断追求美好生活。因此,社会主义核心价值观培育的内容一定要针对大学生生活中的实际问题,以解决现实问题为重点。在本次调查问卷中显示,有73.79%的大学生表示当前最关心关心个人的学业、就业前途(见前文图1-4-9),可见,当前大学生对未来人生道路充满了不自信,迫切需要得到疏解和指导。社会主义核心价值观培育内容应落脚于大学生所面临的困惑上,在学业、就业等问题上给出及时合理的指导。要准确掌握大学生面临的人生困惑和生活难题,就必须与大学生的现实生活衔接,关注大学生内心深处的情感需要和价值愿望。

3.培育方法融入日常生活

第一,培育方法具象化。就是要变抽象的理论概念为具体可感的实践经历,选取具象化的培育方法,让社会主义核心价值观落地、入心。首先,要运用榜样的力量。一方面,要选取大学生身边的榜样力量,广大师生党员、班级干部等要带头学习和践行。另一方面,借助大众媒体宣传先进典型人物。近年来,“最美人物”“感动中国”“道德模范”等的宣传都起到了非常好的效果,让大学生认识到不仅身边有普通群众的榜样,也有各行各业、不同领域的英雄人物,整个社会都不乏具有崇高道德精神的模范。其次,借助多样的实践活动。实现从理论向现实的过渡,实现“内化于心”和“外化于行”的相互转化,需要积极的实践体验。坚持联系实际,准确抓住大学生当前的情感关切和现实需要,找准与大学生思想的共鸣点、情感的交汇点,如,以重大历史事件的周年纪念、传统节日、志愿者服务活动、夏令营活动等为依托,渗透教育意图。最后,以中华优秀传统文化为载体。一方面要借助中华优秀传统文化中独特的历史资源和红色文化资源。如,将优秀历史箴言、人物、典故等融入校园设施建设,参观主题教育基地、举办主题思想论坛等。另一方面要发挥传统民族节日的文化教育功能,如,春节写春联、端午节划龙舟等节日活动。

第二,培育方法日常化。日常化是指在方法探索的基础上,使这种生活化培育方式进入常态化、长效化。习近平总书记在北京大学师生座谈会上的讲话中指出:“核心价值观的养成绝非一日之功,要坚持由易到难、由近及远,努力把核心价值观的要求变成日常的行为准则,进而形成自觉奉行的信念理念。”①日常化强调社会主义核心价值观培育的持续性,是一种长效机制。从时间上来说,应保证培育过程的连续性。这就意味着培育过程不是一蹴而就的,而是要贯穿教育的始终,强调培育工作要坚持不懈,建立起培育的常态化机制。从空间上来说,培育方法要涉及大学生日常生活的各个方面。家庭和社会也同样需要对培育主体进行监督、引导,做到社会主义核心价值观培育的全覆盖。

日常化还意味着要不断探索新的、有效的培育方式,建立起相应的培育机制。通过建立富有生活活力的程序、规则、制度等促进生活化培育系统健康、有序的运行,把“机制”引入大学生的日常生活,通过各程序、规则、制度之间的相互联系、制约和作用,实现核心价值观培育生活化的整体功能。要达到培育方式日常化,还要突出培育方式的创新性。价值观培育的长期性和过程性,决定了在培育时间上也具有持续性和重复性的特点。一旦培育工作具有了重复性,往往也会导致培育的形式化,缺少教育创新,导致培育效果不佳。因此,要不断反思、分析、总结,在保证核心价值观培育工作持续进行的同时,又要注重途径的创新,实现坚持不懈和革故鼎新相结合。

(二)营造与核心价值观培育相适应的生活环境

社会主义核心价值观培育生活化,营造生活化的场景是关键,要形成有利于培育核心价值观的生活环境和社会风气。对大学生来说,社会、校园、

---

① 习近平:《青年要自觉践行社会主义核心价值观——在北京大学师生座谈会上的讲话》,人民出版社2014年版,第12页。

家庭等现实环境和网络虚拟环境是最常见的生活场景，这些日常生活环境在大学生价值观的形成发展过程中起着至关重要的作用。破窗效应启示我们，好的生活环境可以起到引领的作用，而不良生活环境则会阻碍大学生正确价值观的形成。大学生社会主义核心价值观的培育需要依托健康的社会风气、积极的校园文化和良好的家庭氛围等现实生活环境以及绿色的网络虚拟环境，才能不断巩固和强化成果。

1.优化现实生活环境

第一，加强制度建设，改善社会风气。社会风气是对社会价值观的映射，在一定程度上决定着一个时代青年大学生价值观形成的基点。要打造与社会主义核心价值观相适应的社会环境，必须从加强社会道德建设、优化人文环境入手，于日常生活的细微之处着手，加大对社会环境的综合治理力度，营造良好的社会风气，形成健康的人文环境。社会环境是大学生生活的“大环境”，它的改变是一个长期的过程。在这一过程中，需要加强制度建设，用制度保障各种措施在正确的轨道上前行。如针对霸座行为，越来越多的地方开始将其纳入征信惩戒范畴，《广州市公共信用信息管理规定（草案）》针对高铁霸座等热点问题，将此类不良行为纳入失信信息。又如，对于妨害公交安全驾驶的行为，最高人民法院、最高人民检察院和公安部联合印发了《关于依法惩治妨害公共交通工具安全驾驶违法犯罪行为的指导意见》，进一步加强了对公共交通安全的法律保障。显然，系统整治社会不良现象，已成为制度设计的重要议题。因此，改善社会风气，营造适应社会主义核心价值观培育的社会环境，根本在于建立健全的社会制度，保证社会主义核心价值观宣传、教育和示范的各种措施顺利展开。

第二，以社会主义核心价值观为价值导向，打造具有感染力的校园文化。具有感染力的校园文化所蕴含的道德内涵，无时无刻不影响着大学生的日常交往。一方面，要重视校风校训建设。校风校训是校园环境建中的重中之重，它彰显了高校立德树人的教育精神，是一个大学历史传承的积淀。要充分发扬校风校训精神，打造融自身特色与教育教学于一体的校园文化，让优良的校风引领大学生校园生活。另一方面，校园文化建设依托于校园文化活动。高校应开展具有丰富内容和多样形式的校园文化活动，如举办专业知识方面的报告、讲座，开展学科竞赛、辩论赛、演讲比赛、体育比赛、诗歌大赛、主持人比赛等。此外，仪式活动作为校园文化活动之一，也应发挥其重要的教育作用。有的高校将升旗仪式、开学典礼、入党宣誓等活动作为社会主义核心价值观教育的载体，通过各种仪式活动渗透社会主义核心价值观。随着各种校园仪式活动的重复与强化，仪式活动背后的价值理念会逐渐渗透到日常生活中，成为大学生行为活动的准则。

第三，关注家庭生活，营造良好的家庭氛围。习近平总书记在 2015 年春节团拜会上的讲话中指出："家庭是社会的基本细胞，是人生的第一所学校。"[①]我们必须要营造良好的家庭氛围，重视家文化的建设，促进价值观教育的家庭化。追溯中国传统文化，中国古代的生产劳作以家庭为中心，自然十分重视家庭文化的建设。传统文化中的家庭文化建设对今天的家庭教育依然有重要的借鉴意义。一方面，要借鉴传统家规、家训、家法等形式，塑造良好的家风。家风是一代一代传承下来的，是家庭成员为人处世的准则和行为习惯，也是一个人精神成长的重要源头。中国传统家庭文化的具体实践形式包括家训、家规、家法等，以格言、警句、诗词等为载体传承一代又一代的家庭道德价值观念，为家风的形成奠定规范基础。家风起到规范和约束家庭成员日常行为的作用，对家庭成员具有稳定的约束力和感染力。另一方面，家长要规范自身行为，言传身教，发挥榜样作用。抓好家庭教育，关键在父母。父母应秉持终身学习的理念，在保证自身具备良好思想和道德素质的前提下，身体力行，才能带动孩子自觉向父母看齐，让子女在家庭生活的耳濡目染中养成良好的道德品质。

2.改善网络虚拟环境

至 2020 年 3 月，中国互联网信息中心统计显示，我国互联网用户人数达 9.04 亿，青年学生用户比例高达 26.9%。此外，根据本次研究的调查问卷显示，大学生在日常闲暇生活中，上网时间占据闲暇活动的前三位，高达 85.52%（见前文图 1-4-12），上网占据了绝大部分学生的空闲时间。由此可见，网络对大学生的影响越来越深刻，改善网络虚拟环境，为社会主义核心价值观培育营造一个良好的网络空间迫在眉睫。

一方面，社会要加强网络监管，肃清网络空间，提供良好的网络环境。网络具有很大的包容性，人们可以在网络空间各抒己见，同时又可以实现身

① 中共中央文献研究室编：《习近平关于全面建成小康社会论述摘编》，中央文献出版社 2016 年版，第 121 页。

份隐匿。正因如此,网络空间信息鱼龙混杂,不乏各种暴力、色情、诈骗等负面信息,对大学生价值观的确立是一个极大的挑战。因此,要加强公安、教育、网信等相关部门对网络空间的监管,加大对网络空间不良信息的查处力度,建立网络实名认证体系,对不良网络信息的发布者要严厉打击,为大学生营造一个绿色、健康的网络空间。

另一方面,高校要加强校园网络建设,占领社会主义核心价值观培育网络新阵地。互联网发展进入新时代,每个高校都建立了校园网络。在这种背景下,高校要紧抓校园网络建设,充分开发、挖掘校园网络资源,为大学生社会主义核心价值观教育教学服务。首先,校园网络的领导和管理机构应建立明确的分工、分层管理体制,把握好校园网络文化发展方向,建立长期跟踪管理机制和完善的技术评估体系,为大学生建设健康、完善的校园网络空间。其次,要壮大网络人才队伍建设,充分挖掘校园网络资源。要壮大网络应用软件开发人才队伍,为教育教学挖掘网络资源,研发升级软件,创新网络传播形式。最后,借助校园网络平台,打造主题特色教育网站。互联网时代下,校园网络成为开展核心价值观培育新阵地,创办价值观教育主题特色网站,重在突出"主题",办出"特色"。核心价值观主题网站不仅要囊括国际、国家大事,更要注重挖掘大学生身边的实事,切实反映大学生最关心的问题。

(三)打造利于核心价值观培育的网络文化空间

近年来,西方国家利用媒体网络大力渗透西方价值观。大学生心性未定、思想活跃、好奇心强,是网民群体的主要组成部分,成为西方意识形态渗透的主要对象。但充满挑战的地方,也往往蕴含着机遇。面对西方价值观的冲击,我们要直面挑战,守好网络阵地,做好新媒体的建设、运用和管理,形成社会主义核心价值观网络传播体系。

1.营造符合社会主义核心价值观培育的网络生态环境

第一,保障网络安全,抵制西方意识形态渗透。互联网实现了信息交流的全球化,也为西方价值观及意识形态的输出与传播提供了便利。当前我国总体网络环境是安全有序的,但仍然存在以文化霸权、信息泛滥、个人隐私泄露为主的网络安全威胁。如借助互联网形成的"暗网",它具有匿名性和隐蔽性,容易滋生各类涉网违法犯罪。随着国内访问"暗网"人数的不断增加，年轻人群体在不断扩大，甚至还有未成年人涉及其中。因此，要保障网络安全，凭借发达的网络技术提升网络安全防护，打击一切黑暗网络组织，筛选、过滤一切反动、暴力、色情网络信息，堵住西方意识形态渗透的漏洞，杜绝一切有害信息对大学生造成的思想侵蚀。

第二，完善网络法律法规，加强网络监管。网络安全依靠发达的网络技术来护航，而网络行为则需要完善的网络法律制度来规范。网络世界是虚拟的，但并不是法外之地。越来越多的社会经济、政治、文化行为需要依靠网络完成，它涉及每个人的利益，需要制定网络法律法规，规范网络道德素养。但是，当前的网络法规和网络道德完善与飞速发展的网络技术手段相比，存在明显的滞后现象。如近年来针对大学生的电信网络诈骗案件持续高发，以网购、电子转账、车票退改签等形式骗取钱财。据统计，一半以上受害者为大学一年级的学生。又如，一些利用低俗语言、表演来博人眼球的“网红”，他们的迅速走红更是给大学生的价值观造成极大冲击。类似的网络现象不仅对大学生的身心健康造成损害，更反映了当前网络法律法规不完善的不良影响。针对网络行为的规范，我国已经出台了一系列法律法规，发挥了十分重要的作用。

2.抓好反映社会主义核心价值观的网络文化产品

在网络培育方面，社会主义核心价值观的传播要充分借助网络文化产品这一载体，实现核心价值观的传播和渗透。青年大学生对网络文化有着广泛的需求，根据这一特点，以先进的网络文化引领社会主义核心价值观培育方向，抓好社会主义核心价值观网络培育内容的建设，推出符合社会主义核心价值观要求的网络文化产品。

一方面，树立社会主义核心价值观对网络文化的主导权。要在产品创作、研发、生产、审核、传播、运用等环节严格把关，打造具有中国精神的优秀网络文化产品。在大学生群体中做好优秀网络文化产品的宣传工作，通过优秀网络文化产品传播、渗透社会主义核心价值观，占据网络舆论阵地，实现大学生对社会主义核心价值观的普遍认知，进而达到落地、入心的目的。以某高校为例，在图书馆内设有免费观影区，不定期推送适合大学生教育、利于大学生成长的优质电影，既起到了宣传优秀文化产品的作用，也为大学生提供了实际的网络文化服务，寓核心价值观教育于有益的休闲娱乐活动中，起到了很好的教育效果。

另一方面，充分挖掘网络文化资源。挖掘网络文化资源要立足于大学生群体，开发大学生的积极性和创造性，让他们参与到网络文化产品的创作中，掌握大学生的思想价值取向和网络文化需求，取之于学生，用之于学生，选取与大学生息息相关的生活化内容。此外，网络文化产品的选材内容要立足于中国优秀传统文化。具体而言，要创新优秀传统文化的表现形式，利用中国优秀传统文化的资源宝库，挖掘其中与社会主义核心价值观相沿承的基本精神，同时结合网络技术，以多样的网络文化产品形式表现博大精深的优秀传统文化，在大学生群体中普及、宣传、阐释社会主义核心价值观的历史渊源和历史内涵，提升情感认同。

3.打造弘扬社会主义核心价值观的网络传播平台

网络既是信息产生的空间，也是信息传播、交流的平台。大学生是网络使用的主力军，要做好大学生的思想教育工作，必须积极介入网络媒体的推广和应用，打造弘扬社会主义核心价值观的网络传播平台。

一方面，打造社会主义核心价值观专题网站，进行直接、显性宣传。当前，大学生群体在网络上浏览信息呈泛娱乐化趋势，缺乏科学性、系统性。为了提高大学生信息选择的科学性，在网站板块建设的理念上，要将固定的理论知识与多样的网络资源相结合，视频资源、音频资源、论坛帖子、博客文章等都可以作为社会主义核心价值观传播的载体。内容上，要全面涉及大学生思想教育、心理教育、爱国主义教育等，真正为学生成长成才服务。形式上，要敢于创新发展，由单一的主题教育形式向兼具趣味性、知识性、活泼性、时代性的多元表现形式转变。社会主义核心价值观专题网站的打造只有为学生着想，以学生为本，才能真正成为大学生喜爱的网站。

另一方面，借助媒体活动、网络作品等，进行隐性教育。借助媒体进行隐性教育是指媒体不以教育者的身份出现，而是借助丰富的活动内容和生动的故事情节等形式，间接地向受教育者渗透社会主义核心价值观的精神内涵。以《感动中国》为例，节目以故事叙述的方式，说大众耳熟能详的话，讲百姓听得懂的话，向人民群众传递那些平凡而普通的人的事迹，用感人的故事传达出小人物也有高贵的灵魂。节目一经播出，便受到了广大人民的喜爱和认同。《感动中国》节目借助“故事”为载体，以通俗易懂的语言讲贴近生活的故事，充分发挥了“故事”的道德力量，受众没有直接感受到教育说教，却能够产生事半功倍的教育效果。因此，要充分发挥媒体活动、作品的隐性教育功能,运用故事化的媒体作品,开展媒体隐性教育。

(四)发挥健全、系统的日常生活教育合力

当前,高校几乎承担了大学生社会主义核心价值观培育的全部责任,缺少多方面教育合力的支持。大学生生活不是单一乏味的,而是丰富多彩的。随时间和空间的转移变换,教育者也应选取不同的教育内容和教育方式。同一教育内容,不同的教育主体有不同的教育方式;同一教育方式,也可以运用于不同教育内容中。因此,大学生的社会主义核心价值观培育生活化需要整合各种教育资源,将培育主体、平台、载体等要素有机结合起来,取得最佳教育效果。

1.在凝聚共识中形成主体合力

家、校、社是主要责任主体,三者要凝聚共识,共同协作。

首先,家庭、学校、社会要达成共识。学校作为大学生生活和学习的关键场所,承担主要责任,但同样需要家庭和社会的辅助,才能达到全方位、全过程育人的效果。家庭、学校和社会需要加强沟通交流,通过建立相应的交流委员会等形式,结合线上线下的沟通方式,在大学生核心价值观培育方面达成共识、形成合力。社会和家庭应明确在大学生核心价值观培育中的定位,为学校做好辅助工作,在学校教育工作之外发挥家庭和社会对大学生的价值观培育作用,让教育工作不留死角。

其次,明确各责任主体的培育分工。家庭、学校、社会三者的有机结合,应以学校教育为主导、家庭教育为补充、社会教育为依托,明确各责任主体的培育侧重点。学校无疑是大学生核心价值观培育的主要责任主体,承担着核心价值观的传播、宣讲工作。学校拥有专业的教育工作者,系统、完备的培育内容,同时,学校也是各种教育手段的开发利用者。因此,学校是集一切优势与资源的核心价值观培育主体,应充当价值观培育中的主要角色。家庭教育既是学生价值观形成的起点,又是对学校教育工作的延伸,大学生价值观的形成离不开父母的言行影响,家庭教育理念应适应、协助学校教育工作。社会是学校、家庭教育的试金石。在检验大学生价值观培育成果的同时,也应建立建全社会德育教育环节,以拓展和延伸学校教育和家庭教育。因此,大学生的核心价值观培育始于家庭、成于学校、行于社会,三者要明确各自在大学生价值观培育

中的定位与分工，才能形成长效协同育人机制。

最后，发挥同向协作力。各培育主体履行各自的责任固然重要，但增强培育工作的同向协作力更为关键。同向是指家庭、学校和社会三方培育主体要基于不同角色、身份、岗位，在履行责任时要树立共同的目标，绝不脱离培育目标。同时，三方还需要发挥责任主体的协作能力，既相互交流协作，又各自履行职责。

2.在资源统筹中形成载体合力

课堂教学、校园文化、社会实践是大学生社会主义核心价值观培育的主要载体，要形成合力。

第一，融入课堂教学。大学生获取专业理论知识主要还是依靠课堂学习的方式，应充分利用日常课堂教学这一环节，构建融核心价值观于课堂的日常教学机制。首先，在思政课之外的课堂教学中，加强教师队伍的师资力量建设，在教学内容上融入价值观教育。高校教师队伍应打通分工，鼓励思政教师之外的广大教职工加入核心价值观教育中，加强教师队伍的相互交流，分担思政课老师的德育工作，避免智育与德育相分离。在教学内容上，结合不同学科专业特点进行有特色的价值观教育。其次，在思政课堂教学中，要努力营造良好的教学氛围。当前高校存在一定程度的思政课不受欢迎、课堂气氛不活跃、逃课率高等问题。要改变这一现象，必须要构建生活化、形象化的思政课教学形式。课堂教学前，教师应收集整理利于核心价值观教学的典型案例，设计环环相扣的教学环节。课堂教学中，教师要善于运用生活化的语言和案例，运用情景教学法、问题探究法等教学方法，在互动探究中感受、领悟。课堂教学后，可以引导学生将所学所悟运用于相关案例的分析，并迁移至自己的生活实践中，巩固所学成果。

第二，融入校园文化活动。高校要将理论教育与丰富多彩的校园活动相结合。以校园文化活动为载体，要统筹校内文化资源，有战略、有组织地策划好各种校园文化活动，贯穿在社会主义核心价值观教育全过程中。如举办革命英雄先烈的纪念活动，通过宣传革命先烈的革命精神和民族精神，培养爱国情怀；在庆祝传统文化节日庆典中，宣传中华优秀传统文化的内涵，坚定大学生对中国文化、中国道路的信心。喜闻乐见的校园文化活动以其独特的感染力和凝聚力，可以让大学生在独具特色的校园文化活动中找到感情寄托和精神归宿，丰富精神生活。

第三，融入社会实践。大学生参与社会实践是指为实现大学生有组织、有计划地向社会过渡而进行的一系列物质活动与精神活动的总称。社会实践能够为思想和行动的转化提供平台，达到学以致用、知行合一的目的。社会和高校应联合为大学生开发、提供多种多样的社会实践资源，满足不同大学生的实践需求，提高他们的积极性。首先，办好青年大学生志愿者服务活动。在参与社会实践的基础上，志愿者服务活动本身还具有价值导向功能，既锻炼了学生，达到教育目的，又服务了社会，是对大学生进行社会主义核心价值观教育的有效形式。其次，重视大学生的专业实习。大学生的专业实习在强调专业知识的同时，更强调与社会的直接接触，抓好专业实习对大学生来说是十分重要的。最后，开展社会调查活动。大学生在开展社会调查时，往往要经历从理论考查到实际调查再到理论总结的过程，这样既有助于大学生掌握社会现状，又让大学生在活动过程中磨炼了意志、得到了教育。

3.在传播探索中形成渠道合力

第一，校内校外相统筹。相比校园外的环境，在校内对大学生进行核心价值观教育作用力会更集中。学校内的核心价值观教育是以学生为中心，在一定的时间、空间内，综合各种德育因素和德育联系对大学生进行的有目的、有组织的教育。利用校园这一聚集了各种教育优势的“德育场”，通过各门主干德育课程，各类专业课程、公选课程，校园讲座活动，科技文化活动、社团活动等，围绕大学生价值观教育展开。教育活动密度大、集中度高、理论性强，是大学生核心价值观养成的主要场所。在校外进行大学生核心价值观教育一直是一个较大的难题。一方面是因为校外教育环境缺乏可控性和组织系统性，另一方面是校外环境不稳定、变动性大，且环境复杂程度高，包括社会、社区、家庭在内的校外责任主体教育意识不明确。校外环境的不稳定性极易破坏学生在校内受到的价值观教育成果，因此，要发挥校内校外教育合力，形成良好的社会主义核心价值观教育生态环境。

第二，线上线下相统一。上网已成为大部分学生的课下活动选择，不可否认，有一部分学生通过网络学习、掌握信息，但还有一部分学生沉迷于网络社交、网络游戏，在网络虚拟世界中迷失自我。因此，在网络时代，我们要充分发挥线上教育与线下教育的作用、虚拟与现实相结合，发挥多管齐下的联动效力。在家庭生活的网络使用中，家长要以身作则，提高自身思想道德素质，营造一个良好的家庭氛围。此外，要引导学生合理分配时间，科学利用网络，同时又要发挥网络作用，利用网络做好与学校教育的信息沟通，及时了解学生近况和相关信息。在学校教育中，既要利用好课堂教学的作用，又要利用网络辅助提高社会主义核心价值观的培育效果。如建立一批集宣传、服务、娱乐于一体的社会主义核心价值观网站，利用网络论坛等平台关注大学生动态，发现大学生思想舆论走向，掌握网络话语权，引导舆论方向。线上线下教育相统一，让大学生在广泛的网络社交和多样的网络信息中，做出既符合社会要求又有利于自身个性发展的选择。

第三，显性隐性相结合。营造有利于社会主义核心价值观培育的各种生活情景，让受教育者在不知不觉中接受社会主义核心价值观的影响，正是隐性教育理念的一种体现。随着近几年社会主义核心价值观在日常生活中普及、传播的力度的加大，宣传成效显著提升。社区、公园、地铁公交等公共场合推出了一系列贴近生活、贴近百姓的社会主义核心价值观主题漫画、牌匾、公益广告等，城市大街小巷随处可见的宣传标语集趣味性和教育性于一身，甚至有的景区和娱乐场所推出了一系列关于社会主义核心价值观的趣味小游戏，这些都起到了很好的宣传效果。不过还需要引导大学生从认知向认同，再到实践外化。要实现这一目标，必须在生活中加入隐性宣传，润物无声地对大学生进行教育。例如，在网络高速发展的今天，社会主义核心价值观宣传工作要牢牢占领网络高地，根据大学生这一受众的群体特征，设计出更符合它们的、有针对性的社会主义核心价值观宣传方法体系，最终实现显性隐性教育相结合。

（五）激发大学生自我培育核心价值观的主体意识

大学生是自身价值观选择和确立的主体，社会主义核心价值观作为一种主体之外的价值规范，只有符合大学生的主观需求，才能成为大学生的选择对象，自觉内化为自身道德规范。因此，要充分发挥大学生进行自我培育的主体意识，调动大学生自觉选择核心价值观的积极性和主动性。

1.尊重大学生核心价值观培育的主体性地位

尊重大学生的主体地位，就是把核心价值观培育的主动权交到大学生手中。通过让学生自主策划、组织实践活动等形式，进行自我教育、自我发展。在这一过程中，不仅能够提高大学生的综合素质，更能让大学生在活动过程中发现自己、剖析自己，生成对自身的新认识、新反思。如在对学生进行爱国情怀、革命精神教育的过程中，大学生普遍反映传统的教育形式让鲜活的教育变得空洞泛化，容易陷入被动接受的困境，难以激发大学生自我教育的主体意识。因此，可以组织大学生以更喜闻乐见的方式参与到爱国情怀、革命精神的教育过程中，如寻访英雄、参观革命基地、举办演讲比赛等，在活动中走进历史，走进革命文化，深化对自身的认识，激发对自身思想状况的反思，进而引导价值观的确立。

2.善用历史与现实案例，融核心价值观于大学生道德需求之中

社会主义核心价值观的内涵不是空洞的理论，而是经历史和现实的实践检验传承下来的。要善于运用历史和现实案例，向大学生验证社会主义核心价值观的科学性、真理性，在生动的真实案例中激发大学生的认同感，自觉将核心价值观融于自身道德需求之中。第一，收集历史英雄人物的相关资料，分析他们成功的品德因素。第二，利用社会热点问题，让学生分析问题背后反映的社会道德问题，并探讨相关问题的解决措施。第三，通过今昔对比，探讨中国传统文化中推崇至今的人格品德，并加以评析。通过一系列历史与现实的例证，树立大学生崇高的道德追求，促使其自觉将社会主义核心价值观融于自身道德需求中，从而激发大学生对核心价值观的认同和追求。

3.发挥核心价值观培育过程中教师的引导作用

要提高大学生自主培育的主体意识，教师的引导作用是必不可少的条件。学生的主体性与教师的主导性并不冲突，学生主体性的提高要以教师的引导作用为保证，因此，教师的主导性和学生的主体性同样重要。道德层面的核心价值观培育对教师提出了更高要求，一方面，教师队伍自身要保证成为核心价值观的遵从者、践行者。教师自身对核心价值观的认同和理解是培育活动顺利展开的必要前提，教师只有将核心价值观的内涵融会贯通，才能准确地向学生传达精神内核。另一方面，教师在备课过程中要做好“备学生”的工作，了解学生的道德需求，把握学生的兴趣需要，才能把握培育的着力点。教师要善于将核心价值观理论知识与大学生个人成长、生活相结合，以生活化、趣味化的理论引导大学生的成长与发展。

第二篇

大学生从众心理引导

——基于网络环境的分析

第一章　研究概述

一、研究意义

改革开放使我国政治经济得到快速发展的同时，信息技术也发展迅速。1994 年，中国正式全面接入互联网，自此网络在中国的发展也日渐成熟，成为一个互联网大国。根据中国互联网络信息中心第 49 次统计，截至 2021 年 12 月，我国网民规模已经超过了 10.32 亿，互联网普及率为 73%。互联网已经成为大学生日常生活中必不可少的一部分。网络也成为大学生获取信息和资源的主要途径，但网络的虚拟性等特点使得网络更容易滋生不良文化，这使得判断力和选择力相对较弱的大学生必定会受到良莠不齐的网络文化的影响，进而影响大学生价值观的形成。党的十六大报告指出："互联网站要成为传播先进文化的重要阵地。"①党的十七大报告进一步强调要"加强网络文化建设和管理，营造良好网络环境"②。党的十八大报告明确"加强和改进网络内容建设，唱响网上主旋律"③。党的十九大报告明确提出互联网发展的三大任务，要"加强互联网内容建设，建立网络综合治理体系，营造清朗的网络空间"④。因此，在网络环境下对大学生的从众心理进行研究，教育和引导，在理论和现实上都具有重要意义。

---

① 《中国共产党第十六次全国代表大会文件汇编》，人民出版社 2002 年版，第 38 页。

② 胡锦涛：《高举中国特色社会主义伟大旗帜　为夺取全面建设小康社会新胜利而奋斗——在中国共产党第十七次全国代表大会上的报告》，人民出版社 2007 年版，第 35 页。

③ 胡锦涛：《坚定不移沿着中国特色社会主义道路前进　为全面建设小康社会而奋斗——在中国共产党第十八次全国代表大会上的报告》，人民出版社 2012 年版，第 33 页。

④ 习近平：《决胜全面建成小康社会　夺取新时代中国特色社会主义伟大胜利——在中国共产党第十九次全国代表大会上的报告》，人民出版社 2017 年版，第 42 页。

(一)理论意义

大学生从众心理是大学生群体普遍存在的心理特征,对大学生的身心发展和日常生活都会产生一定影响。在网络环境下对大学生从众心理进行探索和分析有助于了解和掌握新时代大学生的思想动态和心理发展规律,使育人工作在方向上可以有一个新的创新点和切入点。新时代复杂环境下的大学生心理会更加复杂多变,这给大学生的思想政治教育工作带来了一定的难度和挑战。分析网络环境下大学生从众心理的新特征,可以为大学生思想政治教育工作开辟新的理论途径,让相关理论更加充实、全面。

(二)现实意义

从众行为既有积极的一面,也有消极的另一面。对从众心理现象的研究,可以促进人们自觉维护社会秩序和发扬良好的道德风尚,抵制不良社会风气和消除不正确的思想观念。互联网作为文化及意识形态传播的重要载体在当代大学生群体中产生了日益广泛而深远的影响,从网络环境切入分析大学生从众心理,具有十分重要的意义。首先,可以从一个新的角度了解大学生心理发展的变化,掌握大学生心理发展的规律,对症下药,鼓励大学生进行独立思考,提升大学生创新能力,增强大学生对社会主流价值观的认同并促进积极道德观念的形成。其次,可以做到从现实社会的实际出发,全面了解大学生思想的新发展、新变化,让思想政治教育工作更具有实效性和针对性,也增强网络思想教育的实效性,为社会营造一个良好的精神文化氛围。最后,对大学生在网络上的从众心理进行正确引导,可以帮助大学生提高分析、判断和选择能力,引导大学生理性表达网络利益诉求,在网络上建构主流意识形态,最终净化网络环境,促进网络文化建设,为社会主义精神文明建设提供有力的保障。

二、国内外研究现状

(一)国内研究现状

国内对于从众心理的研究起步于20世纪70年代,虽然起步较晚,但也建树颇多,产生了许多有价值的成果。近年来,以"大学生从众心理"为主题发表的相关文献中,学术期刊论文共有78篇;从思想政治教育出发的共12篇,硕士论文共有16篇,其中马克思主义理论和思想政治教育专业共8篇,会议论文共1篇。近几年关于"大学生从众心理"的研究逐年增多,关于"从众心理"的研究主要包括以下三个方面。

1.从众心理产生原因的研究

国内对于从众心理研究具有代表性的有沙莲香、时蓉华等学者,他们的研究都比较全面。时蓉华在《社会心理学》和《现代社会心理学》中对从众的概念、影响因素、原因、从众表现、应对策略等都有全面的叙述,并与众从、服从、顺从等概念进行了区分和联系。时蓉华认为,"从众是个人在社会群体压力下,放弃自己的意见,转变原有的态度,采取与大多数人一致的行为。所谓'随波逐流''人云亦云'就是从众的最好例证"①。

关于从众心理产生的原因,大部分学者都认为从众心理产生的原因分为内因和外因。"社会心理学家认为,从众行为是由于在群体一致性的压力下,个体寻求的一种试图解除自身与群体之间冲突、增强安全感的手段。"②时蓉华教授在《现代社会心理学》、李云捷等在《从众行为的心理探析》、马元方在《试论大学生的从众心理及其教育》、许鸣等在《对大学生的从众心理与行为的教育引导》、全永丽在《大学生从众心理探究》等研究中都对从众的内因与外因进行了详细的叙述。外部原因有多元文化的冲击、群体环境的压力和影响、家庭学校的教育、社会经济文化环境等;内部原因有大学生自身心理需要、缺乏自信心和独立性、人生目标不明确、缺乏正确"三观"、恐惧心理、传统文化中的"群体归属"意识等。许鸣认为,"大学生们往往会特别重

---

① 时蓉华:《现代社会心理学》,华东师范大学出版社1989年版,第281页。

② 时蓉华:《社会心理学》,浙江教育出版社1998年版,第377页。

视群体对他们的评价和接纳程度，为了确保自己的行为不被群体所排斥或惩罚，很多大学生在大多数人的意见面前通常会选择‘随大流’”[①]。方鸿志、朱玲认为大学生群体从众心理产生的内部原因是“缺乏判断力导致依附心理、责任心不强导致避错心理、人格不独立导致自信不足、群体性压力导致压力心理”[②]。

2.网络环境下从众心理研究

在网络环境下对从众心理的研究中，大部分学者认为网络环境中同样存在从众心理，并且由于网络的特性，对网络环境下的从众心理进行正确引导至关重要。郭奕江认为，“网络舆情中的从众行为是指在信息化的网络世界中，个人受到外部网络信息的影响，失去自我的认知判断，服从于主流思想对事物评价，人云亦云，众所皆云，而最终形成对网络舆情压力的思想行为趋势”[③]。

对于在网络上从众心理是否存在，学界有两种不同的观点。部分学者认为网络具有虚拟性、隐匿性等特点，所以从众心理在网络上的表现有所弱化。闵大洪提出，“互联网的特性使以往在传统新闻传媒上无法实现的个人表达自由和言论自由得到空前的展现，任何人只要进入网络便可以无所不言，畅所欲言，形成了言论的‘自由市场’”[④]。但从目前来看，其实从众心理在网络上并没有弱化，而是以其他的方式继续作用于网络。刘海龙认为，“我们仍然能看到网络空间成为各种声音争论的地方，有时处于不利的一方仍然敢于发表自己的意见。正是这部分人让我们的准统计官能产生一种错觉，似乎网络上沉默的螺旋已经消失”[⑤]。网络并不是完全的虚拟和匿名，所以网民在上网时依旧会感受到其他网民群体的压力，所以从众心理是一直存在的。郭奕江将网络中的从众行为分为盲目的跟风者、理性的沉默者和利益驱使的投机者，也认为网络环境下从众心理是存在的，并与现实的从众心理有所区别。[⑥]

---

① 许鸣、董丁戈、张敏：《对大学生的从众心理与行为的教育引导》，《教育探索》2010 年第 4 期。

② 方鸿志、朱玲：《从大学生的从众心理看思想政治教育的开展》，《甘肃联合大学学报》（社会科学版）2013 年第 2 期。

③ 郭奕江：《暴动的羊群：浅析网络舆情中从众行为及其引导》，《求知导刊》2014 年第 12 期。

④ 闵大洪：《中国网络传播的问题和对策》，《新闻三昧》2000 年第 11 期。

⑤ 刘海龙：《沉默的螺旋是否会在互联网上消失》，《国际新闻界》2001 年第 5 期。

⑥ 参见郭奕江：《暴动的羊群：浅析网络舆情中从众行为及其引导》，《求知导刊》2014 年第 12 期。

3.从众心理的对策研究

关于从众心理的对策研究，主要摘取了以下两方面的对策。一方面是从现实层面引导大学生从众心理，另一方面是从网络层面引导大学生从众心理。

一方面，从现实层面引导大学生从众心理。郭兰和韩华认为要将大学生从众心理作为高校德育工作的切入点，通过重视榜样教育、大力发展校园文化、改善的与工作方法来引导学生摆脱从众的盲目性。[①] 丁绍辉则认为"要充分发挥各非正式群体的'领袖'的积极作用，引导他们为大学生树立良好的榜样，促使大学生往更好的方向发展"[②]。

另一方面，从网络层面引导大学生从众心理。刘一鸣认为，要通过"强化校园网络文化建设，营造良好的精神文化氛围；提高大学生网络素养，促进大学生自身综合素质的提高；不断更新教育观念，优化思想政治教育传统方式"[③]来引导大学生从众行为。邓文娟则认为要用社会主义核心价值体系统领网络主流意识形态的建构。[④]

此外，国内在对从众心理进行分析时也进行了相关实证研究，但对于从众心理的实证研究大多都是重复国外谢里夫和阿希的实验。例如，张仁俊为了比较从众行为是否有文化因素的差异以及验证阿希实验的可靠性，在1987 年重复了阿希的实验，他选取了 30 名大学生作为实验对象，得出的试验结果与阿希的试验结果类似。

(二)国外研究现状

拉康的"他者理论"认为，人在看自己的时候是以他者的眼睛来看自己，因为如果没有他者的形象，他不能看到他自己。也就是说"他者"会对自我的建构产生重要影响，这也是本篇讨论从众心理的哲学支撑。1953 年，谢里夫(Muzafer Sherif)发表了一篇关于游动现象的论文标志着从众心理的研究

---

① 参见郭兰、韩华:《大学生从众心理——高校德育工作新的切入点》《中南民族大学学报》(人文社会科学版)2002 年第5 期。

② 丁绍辉:《从众心理在大学生思想政治教育中的作用》,《科教导刊》(上旬刊)2014 年第 9 期。

③ 刘一鸣:《新媒体时代从众心理对大学生思想政治教育的影响及对策探究》,《科教文汇》(下旬刊)2016 年第 8 期。

④ 参见邓文娟:《浅论新时期网络主流意识形态的构建》,《湘潮》(下半月)2013 年第 6 期。

正式开始。所罗门·阿希(Solomon Asch)按照谢里夫的研究思路,运用格式塔的方法,从研究从众心理的首因效应问题入手,以精密的实验为实践依据。这本书为社会心理学的研究奠定了坚实的理论基础。自此,关于从众心理的研究也逐渐增多。

1.从现实层面进行研究

国外的学者对于从众心理的相关研究比较全面、丰富,对从众的基本概念都有规范的阐述。美国的戴维·迈尔斯(David G.Myers)在《社会心理学》中认为,从众是指根据他人而做出的行为或信念的改变。① 文中指出人们从众的原因有两个,规范影响和信息影响。英国马克·伊尔斯(Mark Earls)在《从众效应:如何影响大众行为》中阐述了从众行为的源泉,剖析了从众效应的理论根源,并提出除非充分理解群体行为,否则是不可能改变它的②。法国的古斯塔夫·勒庞(Gustave Le Bon)在《乌合之众:大众心理研究》中对群体心理进行了详细的研究,提出了著名的"暴民理论"。他指出群体是极端的、情绪的、低智商的,有独特见解的人一旦进入群体,就会变得冲动,会盲目地模仿群体中其他人的行为和态度。③ 桑斯坦(Cass R.Sunstein)认为,群体会走向极端。"许多时候,一群人最终考虑和做的事情是群体的成员在单独的情况下绝不会考虑和做的。当人们身处由持相同观点的人组成的群体当中的时候,他们尤其可能会走极端。"④从众心理的研究领域很广,不仅是心理学,传播学、教育学、政治学等都有涉及。虽然不同的学科有不同的见解,但是都有一个共同的方面,他们发现社会规范、团体规范、团体因素对从众心理具有十分重要的影响作用。⑤

国外对于从众心理的相关实证研究,除了谢里夫和阿希的实验外,还有温卡特桑(M. Vekatesan)的实验。该实验类似于阿希的实验,得出的结论

① 参见[美]戴维·迈尔斯:《社会心理学》,侯玉波、乐国安、张智勇译,人民邮电出版社 2016 年版,第 186 页。

② 参见[英]马克·伊尔斯:《从众效应——如何影响大众行为》,钱峰译,清华大学出版社 2010 年版,第 30 页。

③ [法]古斯塔夫·勒庞:《乌合之众:大众心理研究》,王浩宇译,北京联合出版公司 2016 年版,第 282 页。

④ [美]凯斯·R.桑斯坦:《极端的人群:群体行为的心理学》,尹宏毅、郭彬彬译,新华出版社 2010 年版,第2~4 页。

⑤ 参见魏静:《从众心理对大学生思想政治教育的影响研究》,西安工业大学硕士学位论文,2017 年。

也与阿希相似。温卡特桑选择了密乃肖特大学的144名学生，让他们在三套不同的西服中选出自认为最好的一套。一组四个人，当前三个人都做出了同一个选择后，第四个人做出跟前三个人一样选择的比率就很大，这跟阿希的实验结果是一样的。美国心理学家克瑞奇菲尔德(Crutchfield)1955年做过一次实验，他请了一些军官来判断星形和圆形哪个图形的面积大。事实是圆形的面积要比星形的面积大三分之一。但是当军官看到其他人都选择了星形时，约一半的军官也会选择星形，即发生了从众行为。

2.从网络层面进行研究

对于网络社会中的从众心理，有两种不同的观点。一种认为网络社会中的从众行为会减少，另一种则网络社会同样存在从众心理。1986年，斯普尔和凯斯勒(Sproull & Kiesler)提出了"缺失社会情境假说"，认为"在面对面互动中充满着各种社会情境线索，包括个人的职位、环境、表情、动作等，这些线索会影响人们的行为。但是源于网络上的匿名因素，以网络为媒介的传播则无法承载这些社会线索，一旦去掉这些社会线索，社会的控制和规范便会减少，从而使网络成为一个参与者平等的领域"[①]。也就是说在网络上会比现实中更加自由地发表自己的意见，从众行为也会减少。尼尔·波兹曼(Neil Postman)则认为，"强势媒介能够以一种隐蔽却强大的暗示力量重新定义现实世界，甚至塑造一个时代的文化精神，人们实际上是生存在媒介所制造的巨大隐喻世界中而不自知"[②]。也就是说，网络中普遍存在的从众心理如果不加以正确管理，也会带来不良影响。

三、研究方法与创新之处

(一)研究方法

1.文献研究法

通过对国内外的相关文献进行整理和研究，了解目前的相关研究内容，在前人的基础上展开研究，找出前人研究的不足和存在的问题，进而确定自

① 转引自余秀才:《众媒时代的传播转向》,华中科技大学出版社2017年版,第89页。

② [美]尼尔·波兹曼:《娱乐至死》,章艳译,中信出版社第2015年版,第186页。

己的研究思路、方法和主要内容。本篇将从众心理与大学生思想政治教育、心理学、传播学进行组合，查阅资料，梳理出目前国内外的主流观点，对此问题有一个全面的了解之后，寻找新的方法，进行研究。

2.交叉研究法

在对从众心理进行研究时，整合社会心理学、传播学、教育学等相关学科对从众心理的研究，争取做到视野更加开阔，内容更加丰富，让本篇的研究更加全面。

3.调查问卷法

通过发放调查问卷，对大学生从众心理有一个正确的认识，发现在新时代背景下大学生从众心理存在的新问题，能够做到理论结合实际，提出的对策也更具有针对性和操作性。

4.比较研究法

对大学生的从众心理从不同的方面进行分析，通过对现实层面和网络层面大学生从众心理的比较，抓住此问题的本质和规律，从而找到更加切实可行的办法。

(二)创新之处

因为目前关于大学生从众心理的研究大多立足于现实层面，而且大部分都是从单一学科切入分析，缺乏系统性和综合性，思想政治领域的研究多为理论分析。本篇立足于网络层面分析大学生从众心理，通过发放调查问卷的方式使得理论与实际相结合，研究目前网络环境下大学生从众心理的问题。所以本文的创新点有以下两个方面：一方面是理论研究与实证研究相结合，更具说服性，提出的对策也会更有针对性；另一方面是综合多种学科的知识对大学生从众心理进行引导，立足多维视角，因此内容更加系统、全面。

第二章　网络环境下从众心理概念的界定分类及影响因素

大学生作为一个特殊的社会群体，存在着由一些约定俗成的群体规范来指导行为的现象，即从众现象。从众行为在大学生群体中是普遍存在的。网络中从众行为突发性、发展极速性、内容外延发展以及广泛性都远远超过现实生活中的从众行为。大学生在网络环境下产生的从众心理也有新特点，带来了新难题。要在网络环境下应对大学生从众心理，对大学生从众心理进行正确的教育与引导，首先必须对从众心理有一个明确、全面、辩证的认识，明确大学生产生从众心理的影响因素，分析积极从众心理和消极从众心理对大学生产生的不同影响，对正确引导和教育大学生具有重要意义。

一、从众心理概念界定

（一）从众

从词源学的角度分析，《说文解字》中对“从”主要有三种注解。第一种是随从、跟随的意思。“道不行，乘桴浮于海，从我者其由与?”(《论语・公冶长》)“乃从荀卿学帝王之术。”(《史记・李斯列传》)。第二种是顺从的意思。“臣从其计，大王亦幸赦臣。”(《史记・廉颇蔺相如列传》)“从道不从君。”(《荀子・子道》)第三种是追随、追逐的意思。“并驱从两牡兮。”(《诗经・齐风・还》)《辞海》中对“众”的注解也有三种。第一种解释是多数的人，如观众等。第二种是“许多”的意思。第三种是对“众人”的简称。由上述注解可以看出，“从众”是一个具有两面性的词语，它既可以代表积极的行为和状态，亦可以代表消极的行为和状态。

人必须在群体中才能满足自身生存的需要和发展的需要，而处在群体中的人也会不自觉地与群体保持一致，以此获得归属感和认同感。在现代社会中，普遍都存在着个人会改变自己的观点迎合群体的行为，也就是我们常说的随波逐流、人云亦云，即从众。从众大多在社会心理学领域被提及，从众这一名词以理论的形式提出之后，就引起了学界的广泛讨论，而学界对从众的定义也是见仁见智。国内学者对于从众的定义也有各种不同观点，时蓉华认为，“从众是个人在社会群体压力下，放弃自己的意见，转变原有的态度，采取与大多数人一致的行为，从众行为是由于在群体一致性的压力下，个体寻求的一种试图解除自身与群体之间冲突，增强安全感的手段”①。这种手段不仅会使个体的行为发生转变，还会使个体在信念上也发生转变，放弃原有想法，附和大多数人的想法，即产生了从众行为。上述对从众的定义有一定合理性，但随着对从众心理研究的不断深入，这些传统观点也显示出其局限性，就传统观点对从众下的定义来看，他们认为之所以产生从众行为，是源于外部压力，因此从众都是被动的，盲目的。但目前有学者提出，从众行为不一定都是非理性的盲从，人之所以产生从众行为，也源于自己内心主动的愿望或者源于一些目的。宋官东认为，从众有狭义和广义之分，“狭义的从众是个体因多数人的影响而产生的与多数人一致的行为或态度，广义的从众是主体因客体影响而产生的与客体一致的行为或态度”②。

（二）从众心理

如果说从众是外在表现出来、可以看得见摸得着的现象，那么从众心理则反映了从众现象背后的支配因素。从众心理就是处于群体中的个人在群体主动或被动给予的压力下，改变自己的想法以融入群体的心理过程。当个人处在强大的集体中时，在大多数人意见一致的情况下，出于对群体的依附感，会改变自己的想法，与群体保持一致。改变想法的原因既可能是群体真实存在的压力，也可能是自己主观臆造的压力，改变想法的过程既可能是理性的，也可能是非理性的。对从众心理有一个正确的认识和把握，就会产生积极的作用，反之则会带来消极的影响。

---

① 时蓉华：《现代社会心理学》，华东师范大学出版社 2017 年版，第 377 页。

② 宋官东：《从众新论》，《心理科学杂志》2005 年第 5 期。

(三)网络从众心理的独特性

随着互联网的迅速发展,网络环境已经成为大环境的重要构成部分。网络环境具有虚拟性、便捷性、共享性、匿名性等特点。从大方面来说,网络环境可以包括整个虚拟的现实世界。从小方面来讲,对大学生而言,网络环境是大学生可以使用工具和获得各类信息资源,与他人进行互相协作与支持的一类虚拟场所。大学生通过网络环境进行交友、学习的时间占比越来越重,网络环境也成为大学生追求学习目标和解决问题的重要场所。网络环境成为影响大学生身心健康发展的重要因素。

网络环境中同样存在从众心理。网络并不是一个完全的虚拟环境,所以个体在网络环境中依旧会感受到其他网民个体带来的压力,当个人在网络环境中受到外部网络信息的不同影响时,就有失去自我认知判断的可能,最终服从于主流思想对于此事物的评价。网络信息的公开透明使得每个人的意见都被完全展露出来,所以当人们发现自己的意见跟多数派保持一致时,会更加积极主动发表意见。反之,当人们发现自己的意见跟多数派不一致时,在各种压力作用下也可能选择保持沉默。意见一方的沉默造成另一方意见的增势,如此循环往复,便形成一种一方越来越强大,另一方越来越沉默下去的螺旋发展过程。由此在网络上形成"沉默螺旋"。一部分接收网络信息较为全面的个体,对网络信息的分析会客观准确,能从理性的角度对网络信息进行判断和理解,而另一部分接收片面的网络信息的个体,对网络信息进行分析时会缺少理性的思考,在没有足够相关信息铺垫的情况下,对信息的判断和理解都会偏向感性。长此以往,接收片面网络信息的个体的心理认知发展就会处于滞后状态,在面对网络信息时更容易产生从众心理。

二、网络环境下从众心理分类

网络环境下的从众心理与现实环境下的从众心理其作用机制是相同的,两种环境下的从众心理分类也异曲同工。所以,我们在对网络环境下的从众心理进行分类时,可以沿用一般情景下对从众心理的分类方式。通过这种方式,我们也可以把从众心理可分为理性的从众心理和非理性的从众心理。理性的从众心理可划分为遵从、顺从、服从这三种表现形式,非理性的从众心理即为盲从。

(一)理性从众心理

理性从众心理是主体以概念、判断、推理等思维形式或思维活动为主导接受客体行为或态度的影响而产生的从众。这是一种相对积极的从众心理,因为它是主体认定的并以自己为主导做出的从众,内心与外界的冲突并不明显。理性的从众心理具体可分为遵从、服从、顺从这三种形式。

遵从,从心理学角度上来讲,遵从不仅表现为表面上的服从,还有内心真正的接受。遵从的对象往往是比较权威的,如法律法规、条文条例、国家政策等。因为遵从主体与客体在目的和情感上具有一致性,所以遵从行为一般为内发的、主动的。遵从是一种表里一致的从众,不会有内心与外界的冲突与对抗。这是一种比较理想的从众状态。

服从,是指个人按照社会要求,群体规范或别人的愿望而做出的行为。服从是在外界压力的影响下被迫发生的,带有一定的强迫性,这种外界压力有两类,一类是群体内规范压力,如在群体内必须做到遵纪守法,自觉维护社会秩序;另一类是权威人物和领导人物实施的压力,如必须一切行动听指挥,下级要服从上级的命令。一般来说,主体服从时可能与本人内心并不一致,但不至于引起内心激烈的矛盾和冲突。因为服从一般都是无条件的,是出于对权威的敬仰和内心的信服。但当主体所处的群体与自己的道德要求大相径庭时,这时候的服从是因为对权威的惧怕,属于违心的屈服,此时的服从行为就会与内心产生极大的对抗。使他人做出服从行为的常用方法是说服、劝导和忠告,此外还可以通过实施奖惩、给予关心、提供榜样的方式取得服从。任何群体都有自己的规范和要求,成员的服从行为对于保障社会秩序,提高群体效率等都具有十分重要的意义。

顺从,是指对他人的请求做出肯定的答复。服从是带有强迫性的行为,但当个体处于强迫性不是很强烈的情境下时,还是违背自己内心的意愿,接受别人意见的行为,就属于顺从。人们在群体交往中,会适时地向别人提出一些要求并希望他们接受,同时也会根据自身情况选择接纳或者拒绝别人提出的要求。这些要求不属于命令,不用必须遵循,但人们有时会更加乐意接受,这就是顺从的力量。顺从的显著特征就是行为目的的利他性,顺从行为的目的是为了迎合他人的期望,而不是像服从一样是为了免受惩罚或寻求奖赏。

(二)非理性从众心理

非理性的从众心理就是盲目从众。早在19世纪,约翰·亨利·法伯(Jean-Henri-Fabre)曾经做过一个实验,他把一些毛毛虫拼成了一个圆形,在圆形的中间放了一些食物,但这些毛毛虫并没有去吃圆圈中间的食物,而是一直跟随前一个毛毛虫绕圆,这是动物盲目从众的典型案例。1994年,国内学者岑国桢也做过相关实验,他选取了8～16岁的青少年,对他们进行了实验和询问,发现他们发生从众行为最大的原因是认为多数人更正确,所以就盲目地选择随波逐流,别人选什么我就选什么,别人说什么我也说什么。非理性从众行为往往是一种更加直观,依靠直觉和本能的行为。很多时候非理性从众心理是从理性从众心理转化而来的,当个体对一个群体一直产生从众行为的时候,就会形成心理定势,当下一次事件在发生时,就会依照自己过往的经验和习惯进行选择,产生盲目从众行为。

(三)众从

当个人放弃自己内心的想法选择大多数人的观点时,属于从众。但有时候多数人中也会出现转向支持少数人观点的时候,这个时候的行为就属于众从。众从是与从众相逆的一种行为,要对从众有一个全面正确的认识,必须也要对众从加以研究。众从是群体中由于多数人受到少数人意见的影响而改变原来的态度、立场和信念,转而采取与少数人一致的行为。众从行为的发生也需要具备一些条件,少数人内部要具有一致性、独立性和权威性,而多数人内部则缺乏群体凝聚力,出现意见分歧,这时候容易出现众从行为。

综上所述,从众和众从都是出于对事物真实性的探求和认同。遵从的行为目的是利己,个体对群体的想法和行为具有主观认同性;服从也以利己为主要目的,服从的目的是为了免受惩罚或寻求奖赏,因为是被动的过程,所以个体对群体具有非认同性;顺从的行为目的是为了迎合他人或群体的期望,具有非认同性;盲从属于盲目的随波逐流,所以没有特别的行为目的。

三、网络环境下大学生从众心理影响因素

从众心理作为一种常见的心理现象，在社会群体中是普遍存在的。在一定群体中，有些人容易从众，有些人不容易从众；在不同的情境中，个人的从众行为也会不同。通过对网络环境下大学生产生从众心理进行深入的剖析发现，网络环境下促使大学生产生从众心理的因素包括信息影响和规范影响以及群体因素、个体因素、情境因素。

（一）信息影响和规范影响

信息影响是指当处于群体的个人在一些情景下不知道自己怎样做才正确的时候，就会认为他人的行为是正确的，并以此为参照。这种从众的发生是为了让自己有正确的行为。规范影响是指个体为了免遭拒绝而与群体保持一致，以此来获得群体的接纳和赞赏。信息影响的目的是为了正确行事，规范影响的目的是想获得别人的喜欢。日常生活中也有很多例子，当你身处一个完全陌生的环境，做着陌生的事情的时候，尽管你可能提前做过功课，自己应该怎么做才是对的，但还是会以他人为参考，看他们怎么做，自己再怎么做。

根据杰西卡·诺兰（Jessica Nolan）团队的调查显示，我们常常察觉不到规范性影响的存在，规范性影响会诱导人们的行为。她和她的同事给加利福尼亚州居民的样本人群一些资料，以鼓励人们在家中节约电能。家庭成员收到四条信息中的一条，其中三条信息写的是节约能源的基本原因：保护环境、造福社会、省钱。第四个则包含一条旨在促进信息性从众的信息：被试得知他们的邻居中大多数都节约电能。然后，研究者从这些家庭的电表上测量了他们的实际用电量。其中，规范性信息（包括关于邻居的行为信息）相比起其他三条信息，显著地引起人们节约更多的资源。就像谢里夫的自动移动光效果实验中的参与者，现实情境比较模糊的时候，人们就会以他人的判断当作自己的判断。

（二）群体因素

影响从众心理的群体因素主要包括群体规模、群体凝聚力、群体一致

性、群体权威性等因素。从众行为的发生与群体规模大小密切相关。群体的凝聚力是群体成员之间相互吸引的程度。凝聚力是一个群体的核心，凝聚力越强，群体人员在面对问题时的观点越统一，也就越容易产生从众心理，想群体之所想，做群体之所做。相反，凝聚力相对较弱的群体，群体内成员没有一致性的意见时，群体中的从众会大大下降。

群体一致性越高时，从众量也会越高。当群体意见发生分歧时，只要有一个人坚持不同的意见，对群体意见本来就产生怀疑的人就会找到支撑自己的力量，群体对他的压力也会减轻，就不易产生从众。

群体权威性是指群体成员的专长，当群体内的成员经验丰富，学有所长时，这个群体会更容易获得个体的信任。群体成员内具有权威人物也会增加从众行为的产生，因为地位高的人往往有更大的影响力，也更容易让人信服。也就是说，塑造行为和信念的人地位越高，人们越容易从众。

此外，还有其他的影响因素。群体内的竞争力大小也会影响从众心理的产生，群体内竞争力越大，越不容易产生从众心理。人们在公开场合会比在私人场合更容易从众。当一个人事先对自己的想法或者行为做出承诺的时候，会更加坚定自己的行为，不会从众。

（三）个体因素

影响从众心理产生的个体因素主要包括个性特征、知识经验、个体地位、个体归属感。

个性特征与从众心理是密切相关的。低自尊心、缺乏自信、思维不够灵活和自我意识比较弱的个体更易产生从众行为，因为他们更害怕受到群体的排挤，害怕自己无法融入集体。而自我意识比较强和思维比较灵活的个体往往自尊心和自信心都会比较强，因此在群体中更有主见，不易受到群体的压力，不易产生从众行为。

知识经验比较丰富的人不易产生从众心理。如果某个问题是在个体熟悉的知识领域范围内的，个体会更加容易坚持自己的观点；如果这个问题不属于个体所擅长的知识领域，个体就会以群体的意见和行为作为自己的参考依据。

人们往往更愿意跟随权威者的步伐。当个体在群体中的地位越高时，越不容易产生从众心理，正所谓“人微言轻”“人贵言重”。地位低的人在群体中相对会受到轻视，会受到较大的群体压力，更容易从众。地位高的人由于自身掌握的信息较多，经验更丰富，容易得到地位低的人的信赖，群体不会给他带来太大的从众压力，就不容易从众。

个体的归属感也是影响从众心理的重要因素。当个体感觉到自己受到关注和重视时，不仅会产生良好的心理体验，也会更加积极地融入群体，产生对群体的归属感。而要获得这种归属感，从众就是途径之一。

(四)情境因素

问题的性质、表达意见的方式、文化差异、事前承诺等，都属于影响从众心理的情境因素。

当个体面对的问题比较复杂，没有具体的评判标准时，会更容易产生从众。因为对这个问题是缺乏认识的。这时候的个体为了避免出现错误会跟随其他人的观点，产生从众。当问题涉及自身的利益或者原则问题时，则不易产生从众因为有具体的客观标准进行评判。

当表达意见的方式有公开表达和匿名表达两种时，公开表达会比匿名表达时更容易产生从众。公开表达时，群体会立刻接收到个体的意见，如果个体与群体意见不一致，个体会有意无意地会受到来自群体的压力，致使个体最终趋向于与群体意见一致。而在匿名情况下，个体所受的群体压力较小，会更加独立地思考，从众行为也会更少。

不同的文化造就不同的人，文化差异也是影响从众的重要因素。

第三章 网络环境下大学生从众心理的现状原因及影响分析

我国的信息技术飞速发展，上网已经成为大学生日常生活中必不可少的一部分，网络也成为大学生学习的重要途径。本章对大学生在网络环境下的从众心理进行调查，通过研究调查问卷数据、分析网络环境下大学生从众心理的表现、原因及影响，以期更有针对性地对大学生的从众心理进行教育与引导。

一、调查问卷设计及样本情况

(一)调查问卷设计

本次问卷调查共设置了31个问题，主要围绕大学生网络行为情况，大学生对从众心理的认知、选择、原因和对策等的看法和意见等方面。本次调查共发放问卷450份，回收有效问卷共446份，有效比为99.1%。采取网络调查和纸质调查，以网络调查为主，面向的人群为全日制本科生与硕士、博士研究生，以全日制本科生为主。主要通过SPSS、Excel、Word等软件对问卷进行具体数据分析，这使得调查结果更加直观。

(二)样本情况

调查问卷样本情况(见表2-3-1)，主要从性别、年级、家庭地址来源等方面进行统计。由表可见，本次问卷共调查446人，男生人数为155人，占有效人数的34.7%，女生人数为291人，占有效人数的65.3%。本科生人数为

365人，占有效人数的81.8%，硕博研究生人数为81人，占有效人数的18.2%。本科生中大一学生为131人，占比29.4%，大二学生为83人，占比18.6%，大三学生为56人，占比12.5%，大四学生为95人，占比21.3%。被访者中家庭地址来源为农村的为205人，占有效人数的46.0%，城市来源人数为241人，占有效人数的54.0%。总体上看，本次调查涉及的被访者男女比例、年级、家庭地址来源情况相对均衡，对网络环境下大学生从众心理情况调查具有一定代表性。

表2-3-1 样本情况(样本总量446)

变量	变量含义	频率	百分比(%)
性别	男	155	34.7
	女	291	65.3
年级	大一	131	29.4
	大二	83	18.6
	大三	56	12.5
	大四	95	21.3
	硕博研究生	81	18.2
家庭地址来源	农村	241	54.0
	城市	205	46.0

二、网络环境下大学生从众心理现状分析

通过设置相关问题调查大学生的不同网络行为，能够分析总结网络环境下大学生从众心理的现状。网络问题一直受到国家的高度重视，尤其是新时代以来，随着网络的普及化，人们的生产和生活与互联网息息相关，网络成为大学生接收信息、学习知识的重要平台。通过对大学生在网络上的具体行为进行分析，对互联网体系的完善具有十分重要的意义。

(一)大学生网络依赖现象分析

通过对大学生的上网时间和上网活动进行调查发现，在“你一天的上网时间是多少小时”问题的回答中(见表2-3-2)，有201人选择了“3～5小时”，

占有效人数的45.0%，有144人选择了“5～10”小时，占有效人数的32.3%。由此可见，有77.3%的大学生一天中花费在网络上的时间较长。

表2-3-2 第4题“你一天的上网时间是多少小时”回答情况

	频率	百分比(%)	有效百分比(%)	累积百分比(%)
3小时以下	70	15.7	15.7	15.7
3～5小时	201	45.0	45.0	60.7
5～10小时	144	32.3	32.3	92.7
10小时以上	31	7.0	7.0	100.0
合计	100	100.0	100.0	

此外，对大学生上网的具体目的进行分析，通过对“你上网的时间主要用来(多选)”问题分析汇总发现，响应次数为1573次，大学生在网上的主要活动有聊天、刷微博、学习等(见表2-3-3)。其中上网时间主要用来聊天的人响应最多，为365人，占比23.2%；用来刷微博的响应人数为245人，占比15.6%；用来学习的响应人数为220人，占比14.0%；用来看新闻的人数为207人，占比13.1%。由此可见，大学生上网的主要目的是为了社交、获取信息和学习。

表2-3-3 第5题“你上网的时间主要用来(多选)”回答情况

	响应		个案百分比(%)
	频率	百分比(%)	
聊天	365	23.2	81.8
购物	210	13.3	47.1
刷微博	245	15.6	54.9
看新闻	207	13.1	46.4
学习	220	14.0	49.3
打游戏	171	10.9	38.3
其他	155	9.9	34.7
总计	1573	100.0	352.5

通过调查问卷发现,“当你遇到麻烦时,你会通过网络询问解决办法吗”问题中(见表 2-3-4),回答“绝大多数会”的有 64 人,占有效人数的 14.3%,回答“偶尔会”的人数为 195 人,占有效人数的 43.7%,汇总共占有效人数的 58.1%,由此可见,大学生对网络具有一定的依赖性,在遇到麻烦时,超过半数的大学生会通过网络寻求解决办法。

表 2-3-4 第 19 题“当你遇到麻烦时,你会通过网络询问解决办法吗”回答情况

	频率	百分比(%)	有效百分比(%)	累积百分比(%)
绝大多数会	64	14.4	14.4	14.4
偶尔会	195	43.7	43.7	58.1
除非特殊情况,一般不会	141	31.6	31.6	89.7
从来不会	46	10.3	10.3	100.0
合计	446	100.0	100.0	

分析网络对大学生是否产生影响,在“网上的舆论,是否对你产生了影响”问题中(见表 2-3-5),选择“大多数会”的人数为 54 人,占比 12.1%;选择“偶尔会”的人数为 167 人,占比37.4%;认为网络从来不会对自己产生影响的大学生人数为 47 人,占比10.6%。而在“你认为网上信息,正能量与负能量哪个占主流”问题中(见表 2-3-6),262 名大学生认为网络主流是正能量的,占比 58.7%,23.3%表示不确定,但仍有 80 名大学生认为网络是以负能量为主,占比 18.0%。

表 2-3-5 第 20 题“网上的舆论,是否对你产生了影响”回答情况

	频率	百分比(%)	有效百分比(%)	累积百分比(%)
大多数会	54	12.1	12.1	12.1
偶尔会	167	37.4	37.4	49.5
不确定	65	14.6	14.6	64.1
除非特殊情况,一般不会	113	25.3	25.3	89.4
从来不会	47	10.6	10.6	100.0
合计	100	100.0	100.0	

表 2-3-6 第 21 题"你认为网上信息，正能量与负能量哪个占主流"回答情况

	频率	百分比(%)	有效百分比(%)	累积百分比(%)
正能量	262	58.7	58.7	58.7
负能量	80	18.0	18.0	76.7
不确定	104	23.3	23.3	100.0
合计	446	100.0	100.0	

通过上述数据综合分析可得，大学生花费在网络上的时间较长，在遇到问题时也会选择向网络求助，大学生对网络有一定的依赖性，网络也是大学生进行社交活动、获取信息和学习的重要渠道。目前看来，虽然正能量的网络信息占主流，但仍然存在一些负面信息，受网络环境影响下的大学生行为也会存在一定的问题，因此从网络层面对大学生的心理进行分析具有十分重要的意义。

(二)网络从众心理认知度分析

从众心理作为社会心理学中常见的心理现象，不管现实环境还是网络环境，只要处在一定的群体中，就会产生从众心理，进而发生从众行为。通过对大学生进行调查研究，确定大学生对从众心理是否有正确的认知，帮助大学生全面理解从众心理，才能够辩证地对待从众心理。

在"你认为从众心理在生活中普遍存在吗"这一问题中(见表 2-3-7)发现，大学生对从众心理是有正确的理解的。选择"普遍存在"的人数为 405 人，占有效人数比 90.8%；选择"不普遍存在"的人数为 41 人，占有效人数比为 9.2%。由此可见，绝大多数大学生都认为从众心理是一种普遍的心理现象，在生活中是普遍存在的。

表 2-3-7 第 26 题"你认为从众心理在生活中普遍吗"回答情况

	频率	百分比(%)	有效百分比(%)	累积百分比(%)
普遍存在	405	90.8	90.8	90.8
不普遍存在	41	9.2	9.2	100.0
合计	446	100.0	100.0	

当询问"你是否认为自己存在从众心理"时(见"表 1-8")，认为自己经常存在从众心理的人数为 67 人，占比 15%；认为自己偶尔会存在从众心理的

人数为334人，占比74.9%；而认为自己不存在从众心理的人数为45人，占比10.1%。由此可见，绝大多数大学生对自己会产生从众心理有正确的认知。

表2-3-8　第27题"你是否认为自己存在从众心理"回答情况

	频率	百分比(%)	有效百分比(%)	累积百分比(%)
经常存在	67	15.0	15.0	15.0
偶尔会存在	334	74.9	74.9	89.9
不存在	45	10.1	10.1	100.0
合计	446	100.0	100.0	

综上所述，大学生对从众心理具有一定的认知。在此基础上，也要通过对大学生的教育与引导，加深大学生对从众心理的全面认识和全方位理解，这样在大学生以后产生从众心理时能够有正确的态度去面对。

三、大学生从众心理表现分析

人的心理活动会通过一定的方式表现在行为上，大学生在面对群体压力时产生的从众心理会外在表现为与群体行为保持一致。对大学生从众心理的表现进行分析时，既要分析现实层面大学生从众心理的表现，也要分析网络层面大学生从众心理的表现。通过对调查问卷进行分析，总结出大学生具体会出现的从众行为，如学习从众、消费从众、择业从众等。通对网络上大学生从众行为的表现进行总结，大学生网络从众行为主要可概括为三种类型：盲目的跟风者、理性的沉默者、利益驱使的投机者。通过对不同层面下大学生从众心理表现进行区别与对比，能够总结出网络环境下大学生从众心理产生的原因以及带来的影响。

(一)现实层面大学生从众心理具体表现

通过分析整理"你觉得大学生从众行为现象的具体表现是什么(多选)"问题发现(见表2-3-9)，响应人数为1543人。首先，认为大学生从众心理外化表现为消费从众的响应人数最多，为373人，占比24.2%。其次是择业从众，占比17.7%。最后是道德从众与学习从众，响应人数差不多，分别占比

16.6%和16.5%。选择“其他”选项的大学生认为还包括价值观从众、欲望从众、娱乐从众等行为。

表2-3-9 第29题“你觉得大学生从众行为现象的具体表现是什么(多选)”回答情况

	响应		个案百分比(%)
	频率	百分比(%)	
学习从众	255	16.5	57.2
择业从众	273	17.7	61.2
道德从众	256	16.6	57.4
恋爱从众	235	15.2	52.7
消费从众	373	24.2	83.6
入党从众	144	9.3	32.3
其他	7	0.5	1.6
总计	1543	100.0	346.0

1.学习从众

学习是学生的天职，“学习群体”也是高校中最常见的一类群体。一般来说，进入同一大学的大学生在学习经验和学习成绩等方面差别不大，在经过一段时间的大学生活后，同学之间的差别会逐渐拉大，这就是因为不同大学生参与到了不同的学习群体中，发生了不同的从众行为。学习从众可分为积极的学习从众和消极的学习从众。当你处在一个积极上进的“学习群体”中时，就会积极力争上游。例如，某些班级班风学风会格外突出以及在媒体报道中常常出现的“考研寝室”和“考证寝室”等。当你处在一个消极倦怠的“学习群体”时，就会得过且过，不思进取。例如，某些班级总体成绩一直垫底，某些寝室也会出现临近考试全员上自习的情况。目前，高校大学生消极从众的突出问题之一就是“学术、科研从众”。部分同学在写论文时会出现东拼西凑，复述别人观点的行为，缺乏科研创新意识。作为新时代大学生，要践行积极的“学习从众”行为，杜绝消极的“学习从众”行为。

2.择业从众

在获取信息更加便捷、择业渠道日益广泛的今天，大学生有很多的就业选择和就业趋向，但是经过研究发现，很多大学生在就业选择上具有一致性，表现出择业从众心理。择业从众其中一个表现为，面临毕业的大学生普遍都希望找一份稳定、高薪的工作。政府机关、事业单位是目前很多大学生的第一选择，考公务员、事业编制或进入国企都成为大学生关注的热门择业标准。择业从众的另一个表现是，大学生理想就业地点多为经济发展比较好的城市，很少有同学愿意去到一些欠发达地区甚至贫困地区工作。部分缺乏主见的大学生会因为社会大环境、学校、家庭等因素影响自己的就业选择，只为了追求热门工作，不顾自己的优势跟兴趣爱好，最终导致个人未来发展缺乏后劲。因此，大学生在就业时要树立正确的就业观。既要根据自身情况做好未来职业规划，同时又要积极考虑到国家和社会的需要，为社会主义现代化建设贡献自己的力量。

3.道德从众

道德作为内心的法律，在维护国家统一和社会稳定，规范个人行为等方面具有重要的影响。大学阶段是大学生道德观念完善和发展的重要时期，大学生具有非常强的可塑性。当情境比较模糊时，更易发生从众行为。社会主义核心价值观和社会主义荣辱观对个人的道德行为进行了正确的指引。一方面，积极道德从众是个人对社会和群体规范的积极内化，不仅能够帮助个人树立正确道德理想，帮助社会维持秩序，抵御社会不良风气和不正之风，建立更加合理、更加和谐的社会道德环境，更能加强大学生对社会主义核心价值观的认同和践行。另一方面，道德从众也会带来一些负面效果，会导致致大学生产生惰性思维，缺失理性判断，不利于大学生的全面发展。因此，要通过发挥从众心理的正面效应，培养大学生树立正确的道德意识，促进大学生道德的养成。

4.恋爱从众

大学阶段是学生一生中非常美好的一个阶段，处在青春期发展的大学生在经历相比高中阶段更宽松、更开放的大学环境时，会萌生恋爱的想法。很多时候甚至会有“没谈过一场恋爱的大学生活是不完整的”说法在大学生中流传。西方“性解放、性自由”思潮的冲击以及媒体、影视作品、网络平台对恋爱的美化与渲染，使传统意义下的恋爱观受到了一定的冲击，大学生的观念变得更加前卫、开放。很多大学生的恋爱行为并不是建立在对对方的品性、内在有一个整体认识或深入了解的前提下，而是受到从众心理的影响，随便地谈一场恋爱，把恋爱当作大学经历的“必修课”。部分身心尚未完全成熟的大学生如果发生较为盲目的恋爱从众行为，会给双方都带来不同程度影响，甚至造成一定的心理伤害。

5.消费从众

大学生作为当今消费市场中的主流群体，在消费理念和消费行为上也有一定的从众性。进入大学，大学生在金钱支配上变得更加自由，金钱支配的自由使大学生或多或少会进行一定的消费升级。受消费平台消费理念和消费行为的影响，加之自身缺乏理性消费思维，部分大学生出现消费从众心理。这种心理引发的消费行为会带来两方面的影响。一方面，该消费心理若用于自身能力的提升和学识的积累，会对大学生产生积极影响。另一方面，该消费心理若用于非必需消费，导致消费欲望扩大从而超过自身消费能力，则会对大学生产生消极影响，甚至出现盲目消费、攀比消费、面子消费等非理性消费行为，为此给自己和家庭带来负担，这种不健康的消费从众心理会给人生带来不可逆的负面效应。

6.入党从众

中国共产党始终代表最广大人民的根本利益，党的领导是中国特色社会主义制度最大的优势。中国大学生从启蒙教育阶段就接受马克思主义和中国特色社会主义文化的熏陶，加入中国共产党是当代大学生的正确选择。在大学生生活的校园群体、班级群体和宿舍群体中，不乏优秀的共产党员。部分同学认为入党可以给自己带来更多的优势，特别是在找工作时，部分单位会要求中共党员或者党员优先，这些情况都会增强大学生的入党意愿。能成功入党的大学生毋庸置疑是非常优秀的，但部分大学生仅仅看到成为一名共产党员带来的有利条件而不会考虑作为一名合格共产党员应该具备的思想觉悟，仅仅跟随大流，盲目从众。

大学生从众心理的表现在不同的环境下有不同的表现形式，通过问卷调查发现，在问到“是否赞同网络中从众行为会与现实中存在不同”时(见表2-3-10)，有 104 名同学表示非常赞同，占比 23.3%；有 260 名同学表示比较赞同，占比 58.3%；66 名同学表示不太赞同，占比 14.8%；16 名同学表示完全不赞同，占比 3.6%。由此可见，绝大多数大学生认为，从众心理的表现在现实生活中和在网络环境中会有一定程度的差别。因此，在对大学生现实层面的从众心理表现进行分析后，也要根据网络环境的独特性分析网络层面下大学生从众心理的表现。

表 2-3-10 第 28 题“是否赞同网络中从众行为会与现实中存在不同”回答情况

	频率	百分比(%)	有效百分比(%)	累积百分比(%)
非常赞同	104	23.3	23.3	23.3
比较赞同	260	58.3	58.3	81.6
不太赞同	66	14.8	14.8	96.4
完全不赞同	16	3.6	3.6	100.0
合计	446	100.0	100.0	

(二)网络层面大学生从众心理具体表现

网络的虚拟性、网络事件的突发性、事件发展的极速性以及内容的外延性等特点使得在网络环境下大学生的从众心理与在现实中会有所不同,通过对大学生进行问卷调查,分析出大学生在网络环境下从众行为可以总结为三种表现:盲目的跟风者、理性的沉默者、利益驱使的投机者。

1.盲目的跟风者

在网络虚拟性特点的前提下,网络信息的真实性和完整性并不一定能得到保障,因为网络信息发布者作为信息传播的主体和信息的控制者,在发布相关信息时会带入自己的主观意愿,网民在看到相关信息时往往也会先入为主,以发布者的角度来看待问题,易形成一边倒的舆论形势。三观尚未完全成熟的大学生面对网络信息无法独立判断时,很容易将他人的意见作为自己的参考标准,从而进行判断。在“您身边有没有发生过为响应网络舆情号召而大量转帖、刷评论等行为”问题中(见表 2-3-11),有 213 名大学生没有参与过这类事件,占比 47.8%;但仍有 67 名大学生参加过这类事件,占比 15.0%。处于网络环境中的大学生容易受到网络群体情绪的感染,也很容易被即时评论所左右。如果此时出现因响应人数较多而成为所谓“主流观点”的评论,辨别能力较弱、自我不够坚定的大学生会盲目跟风,发生“跟帖”“灌水”等从众行为。

表 2-3-11　第 22 题“您身边有没有发生过为响应网络舆情号召而大量转帖、刷评论等行为”回答情况

	频率	百分比(%)	有效百分比(%)	累积百分比(%)
有,自己参加过	67	15.0	15.0	15.0
有,自己没参加过	213	47.8	47.8	62.8
没有	166	37.2	37.2	100.0
合计	446	100.0	100.0	

2.理性的沉默者

网络环境相比现实环境更加开放、自由,网络的匿名性使网络中的个体具有一定的隐藏性,因此个体受到的网络群体的压力会更小,在网络上更容易畅所欲言,发表自己的看法。虽然环境更加宽松、群体压力更小,但网络环境并不是完全虚拟的。当个体发表的意见与群体中绝大部分人意见相左时,可能会引起群体中的一部分人的攻击,如果这时候的个体还继续坚持自己的意见,可能会扩大事态影响,进入双方争辩甚至是争吵的阶段。最终,弱势的一方会失去群体中的地位,甚至会因为此次事件影响其他的事情。因此,群体内持有不同意见的个体在权衡利弊后可能会为了避免麻烦而选择保持沉默。在“当你在网络上看到一则热门新闻的分析,看上去很有说服力,你会怎么做”这一问题中(见表 2-3-12),有 112 名同学选择“会进行核实,如果官方没有公布调查结果不会转发”,占比 25.1%;有 63 名同学选择“这是大众的观点,如果我也认同,就会转发”,占比 14.1%;有 19 名同学选择“如果大家都认同这种说法,即使不太了解,也会转发”,占比4.3%;有 252 名同学选择“只会看一看,心里有自己的观点,但不会转发”,占比 56.0%。而在“你不参与网上热点话题讨论的原因是”这一问题中(见表 2-3-13),有 83 名同学认为“感觉事情离自己很远,发表评论也不起作用”,占比 18.6%;有 248 名同学选择“自己心里明白,不愿意在网上显露自己”这一选项,占比 55.6%;有 115 名同学表示自己不关注,占比 25.8%。由此可见,大学生在网络环境下,由于不愿暴露自己、避免麻烦等原因,即便心里有自己的意见也不会轻易发表出来,选择只观不语,当一名理性的沉默者。

表 2-3-12 第 12 题“当你在网络上看到一则热门新闻的分析，看上去很有说服力，你会怎么做”回答情况

	频率	百分比（%）	有效百分比（%）	累积百分比（%）
会进行核实，如果官方没有公布调查结果不会转发	112	25.1	25.1	25.1
这是大众的观点，如果我也认同，就会转发	63	14.1	14.1	39.2
如果大家都认同这种说法，即使不太了解，也会转发	19	4.3	4.3	43.5
只会看一看，心里有自己的观点，但不会转发	252	56.0	56.0	100.0
合计	446	100.0		

表 2-3-13 第 18 题“你不参与网上热点话题讨论的原因是”回答情况

	频率	百分比（%）	有效百分比（%）	累积百分比（%）
感觉事情离自己很远，发表评论也不起作用	83	18.6	18.6	18.6
自己心里明白，不愿意在网上显露自己	248	55.6	55.6	74.2
不关注	115	25.8	25.8	100.0
合计	446	100.0	100.0	

3.利益驱使的投机者

传统网络环境下的投机行为是一些网络推手为了获取不正当的利益，捏造歪曲事实、主动设置议题、制造热点问题或争议话题，以引导网络舆情按照他们期待的方向发展，获得商业利益的活动。部分大学生的投机行为表现为，会根据网络的“主流意见”与自己心里的意见进行分析整合后发表观点。这部分大学生既想表达自己的观点，不想当网络中理性的沉默者，但同时也怕受到网络群体施加的压力，所以会对大家的意见进行参考后再形成自己的观点，确保自己在群体中地位的稳定，维护

自己在群体中的利益。例如在问题“关于网上某个事件的态度，你会采取哪种方式”中（见表 2-3-14），有 305 名同学选择“自己独立思考后，再看看别人的态度，形成自己的态度”，占比 68.4%；有 105 名同学始终坚持自己的态度和观点，占比 23.5%；有 36 名同学选择“看看大家对此事的态度，响应最多的就是我的态度”，占比 8.1%。少部分大学生的投机行为会表现在实际的经济利益上，在“面对网络刷单返利事件，你是否会参与”问题中（见表 2-3-15），就有 26 名大学生选择了大多数情况下会参加网络刷单行为，占比 5.8%。

表 2-3-14　第 13 题“关于网上某个事件的态度，你会采取哪种方式”回答情况

	频率	百分比（%）	有效百分比（%）	累积百分比（%）
看看大家对此事的态度，响应最多的就是我的态度	36	8.1	8.1	8.1
自己独立思考后，再看看别人的态度，最后形成自己的观点	305	68.4	68.4	76.5
自己独立思考后，始终坚持自己的态度	105	23.5	23.5	100.0
合计	446	100.0	100.0	

表 2-3-15　第 23 题“面对网络刷单返利事件，你是否会参与”回答情况

	频率	百分比（%）	有效百分比（%）	累积百分比（%）
大多数会	26	5.8	5.8	5.8
偶尔会	115	25.8	25.8	31.6
不确定	29	6.5	6.5	38.1
除非特殊情况，一般不会	86	19.3	19.3	57.4
从来不会	190	42.6	42.6	100.0
合计	446	100.0	100.0	

综上所述，从大学生从众心理在现实层面和网络层面的不同表现来看，现实生活中在从众心理作用下表现出来的从众行为界限较为明确，而在网

络环境下表现出来的从众行为相对来说界限较为模糊。因此，对网络环境下大学生的从众心理进行引导时，要把网络环境这个大语境放在最前面，找出网络环境下大学生从众心理的独特性，通过对网络环境下大学生从众心理的原因与影响进行分析，找出针对网络环境的具体对策。虽然大学生在网络环境下会出现不同的从众行为，但总体来看，大部分大学生仍然有自己独立的见解和意见，在错误意见面前，仍有80%的大学生即使面对压力也会始终坚持正确的观点，带动网络舆论的正向发展。

四、网络环境下大学生从众心理原因分析

在“你认为大学生从众行为产生的原因是什么(多选)”问题中(见表2-3-16)，选择“传统文化中的‘群体归属’意识”的响应人数为318人，响应比为22.1%；选择“特殊的社会大环境”的响应人数为301人，响应比为20.9%；选择“大学生特殊的群体生活”的响应人数为286人，响应比为19.8%；选择“大学生心理发展的特殊阶段”的响应人数为278人，响应比为19.3%；选择“大学生的个人素质和独立能力”的响应人数为252人，响应比为17.5%；选择“其它”选项的响应人数为6，响应比为0.4%。引起大学生产生从众心理的原因主要包括传统文化的影响、社会大环境的影响、网络的影响和大学生自身原因这四个方面。

表2-3-16　第30题“你认为大学生从众行为产生的原因是什么(多选)”回答情况

		响应		个案百分比(%)
		频率	百分比(%)	
你认为大学生从众行为产生的原因是什么	传统文化中的“群体归属”意识	318	22.1	71.3
	特殊的社会大环境	301	20.9	67.5
	大学生特殊的群体生活	286	19.8	64.1
	大学生心理发展的特殊阶段	278	19.3	62.3
	大学生的个人素质和独立能力	252	17.5	56.5
	其他	6	0.4	1.3
	总计	1441	100.0	323

(一)传统文化的影响

中华优秀传统文化对人的影响是深远而持久的,对大学生的思想观念和价值观的形成具有直接影响。首先,大学生受传统文化中庸思想的影响。中庸的根本精神就是避免极端,行为要适度和协调,这样事物就能按照正常规律得到切实有效地运行和发展。中庸奉行调和折中,过犹不及,坚持适度原则,在中庸思想的影响下,安分守己,不保守但也不冒进渐渐成为处世之道。大学生不管在社会、学校还是家庭都会受到中庸思想的影响,“木秀于林风必摧之”等从众观念也会扎根在大学生的头脑中,影响他们的行为。其次,传统文化强调三纲五常与宗法等级观念,导致个人习惯依附权威习惯服从,逐渐丧失自己的独立性。这也给大学生带来一定的影响。最后,集体主义观念的影响。共产主义道德教育作为思想政治教育中的重要内容,始终坚持集体主义的基本原则。我们国家、我们党也一直坚持集体主义原则,要求个人利益服从集体利益,要将个人利益与集体利益相结合,为集体利益牺牲个人利益。我们从小接受的教育也是集体主义教育,学校教育我们要树立集体意识和集体荣誉感,要积极为同学服务、为集体做贡献。社会媒体的各类报道也弘扬集体主义,还有古往今来为集体奉献自我的名人逸事等,使集体主义在大学生群体心中扎根。当集体做决议但意见不一致时,一般都会采取少数服从多数的方式,最终采取大多数人的意见。因此,深入人心的集体主义也是导致大学生容易产生从众心理的重要因素。

(二)社会大环境的影响

伴随着经济社会的发展,各种思想、文化理念纷至沓来,我国价值观念与文化呈现出百花齐放、百家争鸣的特点。多元的文化对传统文化产生了冲击,复杂的社会环境也对大学生的价值观念带来了影响。新时代的大学生面临着传统的价值体系重构和新的价值观念形成的复杂情况。大学生面对复杂的环境情况无所适从,就会选择跟从自己群体中流行的价值观念和行为,产生从众。

首先是学校环境的影响。目前学校教育难以为不同的学生设置不同的教学方法,为学生独立意识和创新意识的培养带来一定的制约。学校校风也会带来影响。处于积极向上校风氛围内的学生产生的从众心理多为积极的从众心理，对自身的发展是有利的；处于消极校风氛围内的学生往往产生的从众心理也是消极的，制约学生发展。

其次是家庭环境的影响。传统家庭教育下，家长通常教导孩子做事谨慎稳重，不要太过于标新立异，要积极融入群体，不要“不合群”等。长此以往，孩子的个性培养会受到影响，在思想和行为上容易依赖家庭、依赖群体。同时，家庭成员会依照自己过往的经验对情景做出具体行为，对处于家庭环境中的大学生产生潜移默化的影响。

最后是非正式群体的存在。处于青少年时期的大学生具有较强烈的合群要求，迫切地寻求社会归属感。因此，在环境相对单一的大学校园内往往会自发组成非正式群体。大学生中的非正式群体是指大学生出于共同的爱好、兴趣、志向、特长以及其他共同因素，在感情和友谊的维系下自发形成的小群体。这类小群体虽然没有明确的规则与纪律，但往往存在一些不成文的规定。想融入这类小群体的大学生必须要遵守这些不成文的规定，要舍弃自己的一些想法，表现出与大部分同学相一致的心理和行为。

（三）网络的独特影响

1.网络群体会对个人带来压力

网络环境中的大学生在进行交流的过程中，会不自觉地向同自己想法和行为相一致的群体靠拢，并对此网络群体产生归属感。网络空间也能产生群体压力，也具有群体规范，所以处于网络群体中的个人也会产生与现实生活中类似的压力与社会孤立感。因此，为了获取群体的接纳和人认同，保持自己在群体中的稳固地位，大学生会将自己的价值观念向群体的价值观念靠拢。在这个过程中，价值观尚未完全成熟稳固的大学生会不自觉地将原本的价值观念中与群体价值观念中不一致的部分进行剔除，产生从众心理。

2.网络意见领袖的出现

当一个信息在网络上刚出现的时候，网民的舆论走向往往是分散的，能够各抒己见。当信息进一步发酵获得大量网民和网络媒体的关注的时候，就会出现能够影响网民想法走向的关键人物，即意见领袖。这类关键人物可能本身就是群体内的权威人物，在网络上具有强大的号召力和影响力，或者是对此信息了解比较全面的人，能够获取更多有效信息。由于大部分网民对信息的了解是有限的，就会受到意见领袖的影响，成为意见领袖的附和者，产生从众。

3.网络带来的满足感

网络社会不同于现实社会，没有那么多的约束，可以突破空间和身份的限制，人们的交往对象变得更多，更重要的是可以在此获得现实生活中难以获得的认同感。大学生为了获得同更多人交往的机会，获得他人的认同，更方便地进行情感交流等，会主动地改变自己的想法，产生从众行为。

4.网络强关系联结的出现

“强关系联结”主要是指群体成员之间具有较高的同质性，其所关注的信息类型、对事物的看法具有较高的相似性。微信朋友圈就属于网络强关系联结，这是一个由熟人所组成的群体，所以个体对这个群体会更加信任。根据调查问卷分析可知，大约 40％的大学生会选择附和好友对同一朋友圈的评论。相对陌生群体而言，微信朋友圈群体的价值观更趋向一致，因此很容易受到朋友圈的影响，产生从众行为。

（四）大学生自身原因

大学生处于特定的学习和生活环境中，既处于正式群体中又处于很容易形成的非正式群体中。由于人格不独立，处于群体中的他们会在思想和行为上相互影响、相互渗透，产生从众心理。

1.人格不独立

大学生的年龄尚浅，在学校和家庭的双重保护下心理不够成熟，尚未形成独立的人格。因此在群体中与他人相处时容易不自信从而被他人影响。在学习和生活中长期处于不自信的状态时，容易让大学生产生自我怀疑，对自己不够坚定，优柔寡断，甚至会放弃自己的想法而趋从于他人的想法，产生从众心理。

2.判断力不足

大学生的人生阅历不足，再加上本身性格中缺乏主见等问题，使部分大学生会在一定程度上缺少独立思考的能力和明辨是非的能力，会产生依附他人想法并在实际行动中倾向于依附他人的行动，容易造成从众心理。

3.缺乏责任心

大学生长期生活在较为稳定和谐的环境中，责任意识相对较为缺乏，出现问题时可能会出现逃避责任的行为。出于避错心理和安全心理，在“法不责众”观念的影响下，大学生会为了降低个人在群体中承担责任的程度而压抑自己的主观能动性，盲目跟随群体大部分人的想法和行为，产生从众心理。

4.心理不确定性需求

个体在群体中获得社会支持是自我价值感的重要因素。个体在做出行为时都面临着确定性与不确定性两种心理需求。当个体的行为得到确定性回复时，会坚定自己的想法和行为，不会产生从众行为。当个体的行为不确定时，特别是当所处的群体有着一套完整规范的行为准则和纪律时，如果个体的想法和行为与群体相悖，但却一直坚持自己的想法，可能就会出现被群体孤立的现象。而处于群体中的个体都期望得到群体的认同和认可，从而获得群体归属感。站在群体意见对立面的大学生在害怕被群体孤立的压力下会做出融入群体的行为，为了满足得到肯定回复的心理需求，与群体行为保持一致，产生从众心理。

五、网络环境下大学生从众心理影响分析

从众心理是在群体的影响和压力下，个体做出的心理调节和行为转变。这种群体对个体的影响既可能是积极的，也可能是消极的。当群体的行为积极向上时，对个体产生的影响是正面的，反之则是负面影响。因此要对网络环境下大学生从众心理带来的影响进行辩证分析。

（一）大学生从众心理正面影响分析

群体的积极行为与个体的心理呈正相关关系。当群体行为与对个体实施的压力是积极的时候，个体的从众就会是积极的从众，会带来正面效应。

1.有助于思想政治教育的开展

思想政治教育本身就是在群体中进行的，利用大学生积极从众心理对大学生有的放矢地进行思想政治教育，可以起到事半功倍的效果。既可以营造良好的教育环境，又可以帮助大学生进行思想和心理上的塑造和教育，有助于思想政治教育工作的开展。

一方面，积极从众心理有利于营造良好的思想政治教育环境。环境可

以影响人的思想和活动，个人也可以发挥主观能动性创造适合自身生存和发展的环境。积极的从众心理对于维持宏观环境和营造微观环境都具有促进作用。就思想政治教育的宏观环境来看，社会大环境下的政治、文化和大众传媒都会对大学生产生影响。在世界网络信息飞速发展的今天，善于接受新鲜事物的大学生在面对复杂的社会环境，面对多元文化、多重价值观念和意识形态的冲击下，容易受到不良思想的毒害。在此大背景下，我国积极引导大学生树立正确的社会主义核心价值观，鼓励大学生开展社会实践活动，越来越多的大学生在正确思想和舆论的影响下，在积极从众心理的促使下，加入弘扬社会主义核心价值观的群体中。这样不仅可以帮助大学生自身树立良好的价值观念，也可以净化和维持外部大环境，由此形成良性循环。积极从众心理还可以帮助营造思想政治教育微观环境。思想政治教育微观环境包括学校环境和群体环境。既包括学校文化长廊、宣传海报、名人寄语等真实存在的文化，又包括校风校纪、榜样宣传教育等文化氛围。这些都潜移默化地影响着大学生，既可以引导大学生产生积极的从众心理，又可以利用此心理来引导和教育大学生。

另一方面，积极从众心理还可以帮助大学生进行思想和心理上的塑造和调试。人在认识世界和改造世界的过程中逐渐形成了自己的世界观，大学生在学习思想政治教育相关课程的过程中可以完善自己的世界观，在参与学校的群体活动过程中，也会互相团结 、互相学习。在从众心理的驱使下，校园内积极的思想会被大家所接受并广泛传播，大学生长期在此氛围下生活与学习，无形中会对自己的思想产生良好的塑造作用。

大学生在从众心理的驱使下融入群体并被群体所接受的过程中，会使内心的紧张和焦虑有所缓解，自尊心和自信心都会得到适当的满足，起到了调适身心的作用。在网络环境下，大学生可以与其他人进行无障碍交流，交流过程中的负担和压力较现实生活中要小，因此可以得到放松。同时，大学生使用网络的过程也是学习的过程。学习他人的行为方式，发挥自身的长处，在满足自尊心的同时也会提升自身的自信心，这些对于开展大学生的思想政治教育工作都具有积极的促进作用。

2.有助于大学生社会道德规范的内化和行为习惯的外化

积极的从众是社会道德规范内化的一个起点。道德规范的形成需要个人在接受的基础上主动将社会道德规范内化为自身的道德需要。养成良好的道德行为规范的前提是个人对道德规范有一定的认识。大学生对社会道德规范进行了解时,在大众媒体宣传和校园文化影响下,积极的思想和行为的影响力大大提升。大学生在学习社会道德规范时普遍也会参照学校群体中的大多数人的选择来决定自己的行为,然后再通过自身的实践将社会道德观念转变为指导自身行动的行为指南。

良好的社会道德规范可以指导大学生的行为习惯,使大学生发扬传播良好行为,自觉抵制不良行为。在积极从众心理的影响下,大学生树立起集体主义的观念,是具有较强凝聚力和正确思想观念的群体。良好的社会氛围和清朗的网络舆论环境,都会指导大学生养成良好的行为习惯。当良好的行为习惯得到普遍的认可后,会迅速形成一种学习践行的好风气。在群体的影响下,部分有着不良行为习惯的大学生也会在学校的教育、社会和网络群体的熏陶和朋友同学的榜样作用下,认识到自己的行为错误。久而久之,大学生在克制自己的不良行为习惯的过程中也会形成良好的行为习惯。

3.有助于大学生人际关系的发展和融入社会

和谐的人际关系对大学生的发展和更好地融入社会都具有重要的推动作用。积极的从众心理可以帮助大学生建立良好的人际关系。大学生都不愿意被孤立,渴望融入群体,与他人和谐相处。而从众会使大学生产生共同的话题,拉近与群体的距离,与群体成员产生共鸣,进而获得群体的信任和帮助。从众是大学生交往和融入群体生活的前提和途径之一。同时,大学生最终都要走向社会,要想在社会中生存,就需要融入社会。从众使大学生人际关系得到发展的同时也能帮助大学生更容易融入社会。社会中形成的思想和行为规范是被社会中的多数群体所接受和认可的,个人要想得到社会的认可,参与到社会的活动中,成为合格的社会成员,需要向社会中的大多数人学习。积极的从众会使大学生更好地融入社会,通过从众,刚刚进入社会的大学生能够明确社会倡导什么,不倡导什么;清楚什么该做,什么不该做,减少错误行为的发生。同时,大学生也会向社会中的优秀人士请教和学习,取人长补己短,了解自己所处社会群体的文化,从而使自己更好地融入社会。

(二)大学生从众心理负面影响分析

适当、积极的从众会促进大学生的全面发展,但从众心理一旦过度时,就会阻碍大学生的发展。当群体行为与对个体实施的压力是消极的时候，个体的从众就会是消极从众，会带来负面效应。

1.不利于大学生形成良好的思想和行为习惯

长期处于消极从众心理的影响下会使个体自我否定。总是消极从众的大学生会逐渐丧失自己的主见，形成思维定势，遇到问题的第一件事是去参考别人的意见，而不是自己独立思考，导致自己盲目从众。在一个群体中，总是盲目从众的个体很容易丧失自我，找不到存在感，会导致自我否定和自我贬低。从众心理较为严重的大学生在面对问题时第一反应不是从自己内心真实想法和自身真实情况出发，更多地会考虑所处群体的想法，盲目跟随群体的行为，就算最后发现自己行为错误，也不会认为是自身的原因。一方面，他们会把错误归结到别人身上，把自己放在受害者的位置上，怨天尤人，丧失斗志。另一方面，他们会对群体产生怀疑，虽然表面上顺从群体，但内心已经对此表示不屑。这样容易诱发个人主义，对待群体的时候只是应付了事，人到心不到，严重影响群体思想和行为的贯彻和执行。

另外，消极从众心理还会使大学生所处的小群体陷入宗派主义的怪圈中。宗派主义是指以小团体利益考虑为重点，一部分小群体会为了所处群体的利益而拉帮结派，牺牲整体利益，进而挑起争端。群体中的大学生如果长期不独立思考，习惯从众，势必会导致故步自封，只强调个人的感受，片面维护自身利益和小团体的利益而牺牲集体的利益。例如，一个班级中如果有多个小团体的存在，每个小团体都以自己的利益为主，就会影响班级的凝聚力，影响班级的整体利益，使同学之间情感破裂，不利于班级文化的发展和班级意见的落实。长此以往，会对大学生的心理和思想都产生消极的影响，也会使大学生养成不良的行为习惯。

2.不利于大学生创新能力的培养

创新是引领发展的第一动力，消极从众心理会阻碍大学生创新能力的培养，磨灭大学生的创新意识，进而影响社会的进步和发展。学术从众就是大学生缺乏创新力的表现。如果一个大学生长期处于从众的环境中，会逐渐丧失创新的兴趣和能力，在学术上缺少主动探究的主动性，只是对前人的结论进行复述，无法从一个全新的视角出发，造成学术界的“死气沉沉”。从众心理的一个特点就是不善于表现自己，这种特点在大学课堂上表现明显。高校教师在对大学生进行授课和交流时，教师与学生应该形成良性互动，但部分大学生会在从众心理的影响下，不会提出自己的独特看法。长此下去，这部分同学的创新想法一直无法得到肯定，就容易产生自我怀疑，创新意识也会逐渐淡化和消退。更重要的是，网络的迅速发展，使得信息交流和传递变得异常便捷，任何信息都可以通过网络渠道获取，这就导致了大学生思维的懒惰，长此以往会压抑自身的创造能力，将自己的创造力扼杀在摇篮之中。

此外，消极从众心理还会抑制大学生个性的发展。当大学生过多的与他人保持一致时，会抑制自身个性的发展。大学生个体不管是在学校群体还是社会群体中都处于弱势，容易放弃自己的思想和个性选择从众。

3.不利于大学生道德责任感的培养

当群体的道德水平比较低，个体从众心理比重较大的时候，错误的思想和行为就容易在群体内泛滥。个体不会考虑自身的从众行为会对群体和社会带来的负面效应，导致道德认知的失调和道德责任感的缺失。大学生道德认知失调表现在网络虚拟环境下，网络的消极从众会使大学生盲目遵从网络群体的行为，失去自己的道德判断，影响自身的道德认知能力。大学生对网络热点问题的讨论兴趣较大，容易受到网络不良信息的影响。例如，网络中出现非理性的“爱国主义”、网络批判、网络人肉等不道德行为，都是道德认知失调的表现。大学生道德责任感缺失的表现可以用“旁观者效应”来解释。旁观者效应是指当在一起危急事件中的旁观者越多时，群体中会选择挺身而出、给予帮助的可能性就会越小。大学生“旁观者效应”表现在从众心理的驱使下对校园内的不文明行为、同学的不道德行为选择置之不理，对社会中的危急事件选择旁观等。虽然这些行为看似影响不大，但其实已经对大学生群体的发展产生了影响。这些行为都是从众对个体道德和责任感弱化的具体表现，不利于大学生道德责任感的培养。

综上所述，大学生从众心理具有两重性。大学生从众心理带来的正面效应对思想政治教育工作的开展、大学生自身道德和行为的发展、人际关系的发展都具有积极的推动作用。大学生从众心理带来的负面效应不仅体现于他们在校园生活的不自信中，也会延续到社会生活中。既会对大学生的心理健康和思想带来影响，也会阻碍社会的发展和国家的进步。因此要加强对从众心理的重视，引导大学生树立积极从众心理，避免消极从众心理。

第四章　网络环境下关于大学生从众心理的对策研究

互联网的发展使得大学生从众心理出现了一些新特点，本章通过在网络环境下对大学生从众心理进行系统的分析，发现大学生从众心理的新问题，在此基础上提出新方法，将思想政治教育与心理学、传播学相结合，对大学生的从众心理进行正确的引导和教育，培养出人格健全的大学生。在“你认为应采取什么措施来减少大学生从众行为(多选)”问题中(见表 2-4-1)，对“充分发挥榜样任务的舆论导向作用”的响应人数为 272 人，占总响应次数的 21.6%；对“开展多种形式的群体心理教育活动”的响应人数为 312 人，占总响应次数的 24.7%；对“增强大学生的独立自主意识与批判思维”的响应人数为 382 人，占总响应次数的 30.3%；对“改善德育工作方法，更新教育观念”的响应人数为 284 人，占总响应次数的 22.5%；对“其他”选项的响应人数为 11 人，占响应次数的 0.9%。

表 2-4-1　第 31 题“你认为应采取什么措施来减少大学生从众行为(多选)”回答情况

		响应		个案百分比(%)
		频率	百分比(%)	
你认为应采取什么措施来减少大学生从众行为	充分发挥榜样人物的舆论导向作用	272	21.6	61.0
	开展多种形式的群体心理教育活动	312	24.7	70.0
	增强大学生的独立自主意识与批判思维	382	30.3	85.6
	改善德育工作方法，更新教育观念	284	22.5	63.7
	其他	11	0.9	2.5
	总计	1261	100.0	282.8

一、运用新媒体正确引导大学生从众心理

(一)利用“议程设置”,正确引导网络舆论

现代社会是一个以大众传播高度普及和广泛渗透为特征的信息社会,大学生无论是在生活、学习还是娱乐中都与大众传播有着密切的联系,大众传播会对大学生的心理产生一定的影响和效果,因此可以通过大众传播的方式对大学生从众心理进行引导,而“议程设置功能”就是大众传播的发生机制。“议程设置”是指大众传播具有一种为公众设置“议事日程”的功能,传媒的新闻报道和信息传达活动以赋予各种“议题”不同程度的显著性(salience)的方式,影响着人们对周围世界的“大事”及其重要性的判断。通过媒体来设置舆论的切入点,虽然不能影响人们怎么想,但可以影响人们想什么。虽然有部分学者对网络是否存在“议程设置”持有不同意见,但从目前的理论和实践来说,网络的传播结构不仅可以轻松提高某些事件被报道的频率和强度,还是对传统大众传播的一种补充,更能拉近传播者与受众个体之间的联系。因此,网络下的“议程设置”作用程度会更强烈,要通过“议程设置”对网络舆论进行正确引导,形成一定的主流舆论。

1.制度化调控与非制度化调控相结合

对网络舆论进行正确引导,既需要国家在宏观上进行把控,即进行制度化调控,也需要个体自觉形成一定的规范,即非制度化调控。

制度化调控需要国家通过相关政策和法规对网络舆论传播进行明文规定,正本清源。习近平总书记在党的十九大报告中明确提出要“坚持正确舆论导向,高度重视传播手段建设和创新,提高新闻舆论传播力、引导力、影响力、公信力。加强互联网内容建设,建立网络综合治理体系、营造清朗的网络空间”[①]。《网络安全法》的实施、网络实名制的推出等都有力地推动了网络规范体系的完善,能够对网络不良舆论信息进行监管和拦截,对发布不良信息、恶意引导网络舆论的媒体和个人依法进行惩处。通过相关政策法规

① 习近平:《决胜全面建成小康社会以 夺取新时代中间特色社会主义伟大胜利——在中国共产党第十九次全国代表大会上的报告》,人民出版社 2017 年版,第 42 页。

牢牢把握舆论的话语权，占据舆论高地，有效控制网络社会中的从众行为引导事件朝着正确的方向发展。非制度化调控需要个体在上网过程中自发形成的、普遍遵守的规约来对网络舆论进行正确的引导。上网是一个互动传播的过程，我们不仅是信息的接收者，更是信息的传播者。人们对网络某一事件的关注往往取决于他人之前的关注，网络中发生的比较激烈的意见或表达会引起后来者的好奇，掌握主动权的网络个体很容易在群体内形成意见气候，进而影响舆论的走向。因此，要通过非制度化调控使舆论形成良性发展的趋势。通过实行制度化调控和非制度化调控，为大学生群体营造一个风清气正的网络空间。

2.加强网络媒体的行业自律

要将网络舆论引向正确的发展方向，要从舆论发布的源头出发。网络媒体是发布网络舆论的主力军，因此要加强网络媒体的行业自律，既要遵守相关法律法规如实发布信息，又要提升网络媒体人员的自身素养。

一方面，网络媒体要实事求是地发布网络新闻。网络上部分无良媒体会为了博噱头和点击率而发布虚假新闻或者对事件断章取义，甚至会出现违反社会道德、侵犯集体和国家利益的行为。部分大学生受众群体作为网络信息的被动接受者，会在从众心理的影响下对新闻不加以证实就进行附和与传播，这不仅对大学生的发展产生了一定的影响，还可能会带来严重后果。因此，网络新闻媒体工作者要杜绝哗众取宠、不负责任的现象，实事求是地传播网络信息，这样才能尽量避免从众心理带来消极影响。另一方面，还要加强网络媒体人员的自身素质。网络媒体从业人员的素质关乎传播行业、网络发展乃至社会进步，因此要对网络媒体人员的素质进行严格把关。网络媒体人员要具有高度的职业精神和业务素质，严格遵守“爱国、守法、公平、诚信”的互联网行业自律基本原则。同时，也要通过制定相关行业的规定和伦理对消极舆论及时进行引导，更要对不遵守法律法规，甚至损害国家利益的网络传播媒体进行严格处罚。

3.完善网络传播伦理，管理网络传播

网络传播伦理，是网络舆论传播的重要管理者。网络社会也是以遵循现实社会规范的方式产生的，因此也要建构网络传播伦理。网络充斥着大量违反传统语言规则的网络用语，这些流行的网络用语在大学生群体中也颇为流行，但其中不乏一些粗俗不堪的不良语言。因此，网络传播伦理要注重对网络语言进行规范，构建文明和谐的网络语言世界。首先要制订网络语言的语言规范，可以通过网络技术对不良语言进行合法拦截。其次要制订网络语言的道德规范，要求网民自觉遵循。网络语言要真实、真诚，杜绝龌龊不堪和攻击他人的语言，更不能随意散播未经核实的信息，以免给他人带来误解。真诚是保持网络社会稳定的重要因素，它关系到公平、善恶等多个道德范畴，因此要使网络社会的语言保持真诚。最后，媒体要积极引导网络语言。面对网络语言，简单的“封杀”不能解决问题，要发挥网络媒体的引导作用，分清网络语言的良莠，接纳传递正能量的网络语言，抵制不良网络语言，积极引导网络语言朝着规范化的道路发展。

（二）利用“沉默螺旋”，把握正确从众心态

我们之所以要对网络舆论进行引导，是希望舆论能够朝着符合社会道德规范的方向发展，现实环境中，“沉默螺旋”是在大众传媒力量的影响下出现的。在网络环境中，不仅有大众传播的空间，还存在着大量组织、群体、人际传播的空间，这种多层面、多空间的传播环境不仅会带来从众心理，有时还会带来更严重的后果。在某一处群体形成的“沉默螺旋”，在网络的特点下会迅速扩散。利用好“沉默螺旋”，可以对大学生从众心理有正确的把握。

1.关注局部优势意见

网络环境下的“沉默螺旋”往往先在某些局部形成，然后逐渐扩散，最终产生全局性的效应。这类局部产生的优势意见逐渐成为网络整体意见气候中的主流，与“议程设置”里的意见气候是类似的，都是“自下而上”形成的。它不被大众媒体所主导，而是由网民意见主导。因此，要对局部的优势意见进行重点关注。要想使某些意见成为局部的优势意见，首先，意见要有简单强烈的价值判断，即能让大多数人轻松理解；其次，意见要具有共鸣性，能够相互呼应，形成影响力；最后，意见要在一定程度上蓄积或折射出以往相关事件中累积的公众态度，也就是说这些意见不是随便发出的，而要经过一定的酝酿和聚集的时间。

大学生群体表现出明显的文化上的反传统性。大学生视角新颖，通过文化层面树立独立视角不仅风险低，传播效果也会更好。在实际情况中，可能会出现多个优势意见，多个优势意见在扩散的过程中既可能发生多个优势意见整合成一种优势意见的情况，也可能会发生一类优势意见完全压倒

另一类优势意见的情况。而无论是哪种情况，都会推动“沉默螺旋”发生作用。大学生在“沉默螺旋”的作用下，一方面会出于压力改变自己的意见遵从优势意见，另一方面，在本来就与优势意见一致时，大学生就会非常乐意向他人展示自己的意见。

2.构建网络舆论管理和引导机制

构建网络舆论管理和引导机制，关键是要对网络上的情况和意见进行正确的把握，及时对非理性和偏激的意见进行疏通和引导，这样才能发挥“沉默螺旋”对大学生正确的指导作用。根据问卷“你认为外界因素，哪些利于你避免从众行为(多选)”这一问题的分析可知(见表2-4-2)，对选项“网络的舆论都是正面的”的响应人数为180人，占总响应次数的16.3%，占总人数的40.3%。因此，对网络舆论进行正确管理和引导是至关重要的。一方面，政府要以社会主义核心价值观对网络舆论进行正确的引导，确保相关信息公开透明，通过构建新型政府服务网站，建立一个能够与网民进行全方位对话和沟通的平台。另一方面，要加强主流媒体的网络建设，提高网络信息的真实性和全面性。加强主流媒体的社会公信力和信息影响力，使主流媒体主动设置热点议题讨论，通过开展各类专栏、专题等引导方向，邀请有关专家和权威人物对网络热点问题进行分析和讨论，让人们能够对热点问题有更加全面、客观、理性的认识

表2-4-2　第25题“你认为外界因素，哪些利于你避免从众行为(多选)”回答情况

		响应		个案百分比(%)
		频率	百分比(%)	
你认为外界因素，哪些利于你避免从众行为	网络的舆论都是正面的	180	16.3	40.3
	同学们之间不攀比	321	29.0	72.0
	家庭和睦、幸福	340	30.8	76.2
	学校开设道德修养课	245	22.2	54.9
	其他	19	1.7	4.3
	总计	1105	100.0	247.7

(三)加强大学生网络媒介素养教育

新时代的大学生是网络群体的重要组成部分,对网络信息的接纳程度和学习能力都较强,也更容易受到网络不良信息的侵害。前文提到的调查问卷结果显示,有超过 39.3%的大学生每天花在网络上的时间超过五个小时(见表 2-3-2),超过半数的大学生在遇到麻烦时会选择通过网络询问来解决问题(见表 2-3-4),也小部分大学生会对网络信息不加辨别就进行转发(见表2-3-12)。由此可见,大学生存在网络自我管理能力较差,对网络信息缺乏正确辨别力等问题,容易在没有知晓信息全貌的前提下跟随网络媒介人云亦云,产生从众心理。因此,要加强对大学生的网络素养教育,避免大学生产生消极从众心理,给自身带来危害。

1.加强大学生网络底线思维

要想营造一个风清气正的网络环境,规范网络秩序,强化大学生在网络环境中的网络自律,避免大学生盲目从众,从根本上说需要明确大学生网络道德行为的底线。加强大学生网络底线思维需要多层面共同努力。一方面要协调网络媒体与自媒体,进行良性沟通。要保证公正理性的声音能够流畅地表达出来,及时纠正不良舆论与信息,避免网络"口水战"。同时,引领网络信息与社会主义核心价值观相适应,共同推进网络舆论生态文明建设,使大学生在上网过程中潜移默化地受到影响。另外,要提升大学生的网络道德素养,加强大学生网络底线思维,恪守网络行为道德底线。另一方面,大学生要加强网络主体意识和网络怀疑批判意识。面对多元的网络信息,不要被牵着鼻子走,要增强自身的自主性、能动性和创造性。面对网络信息,要增强辨别能力和科学的自我批判能力,不轻信网络信息,能够在坚持正确原则的基础上,对复杂的网络信息进行理性、独立的思考,加强底线思维,避免盲目从众。

2.加强大学生网络媒介素养理论与实践教育

加强大学生网络媒介素质教育,既需要加强大学生对基础媒介素质教育理论的学习,也需要结合新时代的发展需求以及思想政治教育工作的实际对大学生进行实践教育。在发挥大学生网络媒介素质教育的创造性和筑牢基本理论知识的基础等方面,也要通过与网络媒介的实时联动,将二者有机结合在一起。通过培育大学生多方面的网络操作技能,避免大学生对网络技术产生盲目的依赖。通过向大学生普及网络法律教育和网络道德教育,使大学生具备维护网络环境安全有序的使命感和责任感。同时利用网络媒介开展社会实践,让大学生真正参与到网络媒介的机制中去,帮助大学生在实践中掌握网络媒介的运作机制,提高大学生深度使用网络媒介的能力,能够对不良网络信息进行明确辨别。在增强大学生网络媒介素养认知的基础上,也要让大学生成为网络媒介素养提升的推动者,形成良性互动,有效提升大学生的网络媒介素养。

3.加强大学生网络自律意识

大学生网络媒介素养教育的一个重要组成部分就是学会自我内化。在网络媒介和高校共同努力的基础上,大学生也要加强自律意识。面对复杂的网络环境和良莠不齐的网络信息,大学生要时刻保持清醒的头脑,增强对网络信息的判断能力,同时也要对网络行为和网络语言进行自我约束和规范。通过以上方式大学生将从外界接收的有效信息内化为自身信息,主动排除网络负面信息效果,强化自我意识,通过不断加强网络自律意识达到强化网络媒介素养的效果,避免产生消极从众心理。

二、通过心理引导加强大学生从众心理教育

(一)进行网络心理素质教育,强化大学生心理素质

大学生从众的原因之一是大学生的心理素质发展不够完善。心理素质较强的大学生在面对压力和突发事件时的抗压能力和解决能力都较强,在应对群体压力和进行选择时也会有更大的选择空间,不会盲目从众。因此要在网络环境下对大学生开展心理健康教育,强化大学生心理素质。

1.开展大学生网络心理健康教育

大学生心理健康是高校教育的重要目标。心理素质相对较弱的大学生在面对群体时会放大群体所带来的压力,在外界压力与自身压力的作用下不敢坚持己见,人云亦云。因此,要避免大学生在网络环境下产生盲目从众的心理和行为,开展大学生网络心理健康教育是重要切入点。首先,教育者要重视大学生的网络心理健康教育环境,为心理健康教育提供必要的硬件和软件设施。不仅要把心理健康教育放到课堂上,更要放到网络上。可以

通过在校园网上设立专门的心理咨询中心的方式，为大学生及时进行心理疏导，还可以通过在线上进行心理健康相关教育讲座、辩论赛等活动全面宣传心理知识。除此之外，更要营造一个积极向上的心理健康风向和气氛，潜移默化地影响大学生。其次，教育者在对大学生进行心理健康教育时要端正态度，调节好自己的心态，使自己在面对学生时能够始终保持积极向上。要时刻把大学生放在主体地位，真正做到关心大学生的身心发展。同时也要做到因材施教，了解不同学生的不同心理需求，最大程度发掘和培养每个学生的优势，以学生带动学生，使大学生能保持坚定，减少群体对自己的干扰。最后，要格外关注大学生的网络心理问题。既要普及网络心理健康的基本知识，加强对大学生网络心理健康的研究，又要分析网络大学生从众心理的特征，培养专业的网络心理健康教育队伍。要积极解决大学生在网络环境中遇到的心理困境，减少大学生的不良网络从众行为。

2.开展网络群体规范心理教育

正是在群体内部明文或不明文规定的约束下，群体成员才能够保持心理和行动上的一致。当群体凝聚力较强的时候，产生的从众心理会带来积极效应。在不同群体中生活、学习和娱乐的大学生如果身处凝聚力较强的团体中，也会促进他们自身的发展。因此要注重网络群体对大学生的影响，通过开展网络群体规范心理教育，加强群体规范的力度、广度和深度，使群体内个体的思想都能够得到规范的引导和教育。制约群体规范的力度、广度和深度的重要因素就是群体凝聚力。因此，首先要认识到群体规范对群体的重要性，加强群体凝聚力的意识。当群体具有较强凝聚力时，个体会自觉遵守群体内部的秩序和约定并且会一致为群体目标做出努力。处于此氛围中的大学生也会具有较强的团结意识，跟随群体的步伐一起变得更加优秀。其次，加强群体凝聚力要从实际出发。虽然群体规范教育中的群体凝聚力是思想和心理上的教育，但也要将这种心理教育与实际生活结合在一起。群体要通过实际工作真正得到个体的支持，群体如果能够将人文关怀贯彻其中，关心和支持成员的心理和困难，群体成员自然而然会对群体真心拥护，这样的双向互动会不断增强群体凝聚力。

（二）发挥网络人物带动作用，加强典范效应

群体可以对个体进行正确的引导。群体内榜样的力量是强大的，可以

激起个体的共鸣，要对大学生从众心理进行正确引导，就需要利用好大学生对优秀人物和事迹的学习从众心理。通过强化网络把关人、网络领袖和身边榜样的作用，加强典范效应，向大学生输出正确的价值观，对大学生进行正确的引导与教育。

1.强化网络把关人作用

网络把关人对网络信息质量和舆论导向具有至关重要的作用，甚至会对事件结果带来决定性的影响。网络把关人是引导网络信息良性发展的关键人物，相当于网络信息的鉴定者。因为网络环境的特殊性使得信息发布者可以将信息以任何形式发出去，信息在网络上用各种方式进行传播时，需要网络把关人对信息进行及时调控与纠正，避免出现信息扭曲或以讹传讹的现象。网络把关人的作用尤其体现在制止网络负面信息的传播上。例如，论坛管理人员为维持论坛的良好秩序删除一些“带节奏”或随意捏造事实的帖子，或者对发布不良信息的账号进行“封杀”。在网络把关人的作用下，对有负面效应的信息及时进行删除，对带来正面效应的信息进行广泛传播，不仅能够给大学生带来积极的信息，更能够为大学生形成积极健康的价值观提供重要的参考依据。

2.培养具有正确价值导向的网络领袖

网络领袖与网络把关人有所不同。网络把关人被赋予个人的把控网络信息的权利，而网络领袖是网络群体中自发推举出来的。他们通常都对信息有着极高的敏感度，具有强大的号召力和影响力。他们身后拥有数量不一的跟随者，他们的思想和行为会引发一定程度的从众行为发生。因此培养具有正确价值导向的网络领袖，对正确引导和教育大学生从众心理具有重要的作用。

大学生群体中的网络领袖起着引导网络舆论、充当教育媒介、促进信息传播和引导校园文化的作用。首先，网络领袖要推出积极的网络舆论的传播，对网络舆论进行处理，在理性分析的基础上让大学生接收到正确的网络信息，并在此基础上发表符合社会主义核心价值观的言论。其次，网络领袖要充当教育媒介，积极在大学生和高校教育之间架起沟通的桥梁。网络领袖可以通过多种方式，从教育者的角度切入，正确引导大学生的心理。再次，网络领袖要积极促进信息传播。网络领袖的信息平台相对较大，他们对信息的关注也会更敏锐，因此要利用好网络领袖的独特性，发挥他们的专业优势，帮助大学生对事件进行全面了解。在大学生对事件有全面了解的前提下，发生盲目从众的概率就会大大降低。最后，要对校园文化进行引导。网络领袖要与高校合力构建良好的校园网络文化氛围。通过在校园网络中传递正能量，传播有意义的信息等方式，拓宽大学生的眼界，并将大学生的网络世界与现实世界联系到一起，避免大学生沉迷网络。

3.发挥榜样力量

榜样的力量是无穷的。当大学生认识到自己处在一个充满优秀榜样的群体当中时，在从众心理的影响下会将榜样的言行和事迹当作自己的行动指南。因此要做好大学生的榜样宣传工作，做好榜样教育对大学生的价值引导、心理激励、行为示范作用和对舆论的引导示范作用，将大学生对榜样的认识转变为自身的实际行动。首先，要做好榜样的宣传工作。通过校园网站、学校官方账号、校园宣传活动等方式让榜样更多地为人所知，让榜样力量渗透在大学生的每个角落。其次，要注重榜样的时代性与真实性。不同时代有不同的英雄，也会出现不同的榜样，榜样的力量在不同的时代背景下会有不同的力量，因此我们在选择榜样时，要立足当下时代特征，结合当前大学生的不同特性，根据学生的认知结构等特点选择能够对大学生带来深刻影响的榜样。再次，要注重榜样宣传的实效性。学习榜样的过程是长期潜移默化的，它不是一个强制灌输的过程，而是一个疏导的过程。通常来说，身边的榜样所带来的效果会更好，因为大学生容易对身边人产生情感上的倾向，这部分榜样的行为都是较贴近大学生真实生活的，大学生接受和认可起来也会更加容易。因此，要树立榜样意识，树立学生身边的榜样。社团内、班级内、宿舍内都可以树立榜样，老师、同学、校内工作人员等等也都可以树立榜样。最后，要加强教育者的示范性和影响力。要想真正感化别人，自身必须具备鼓舞与推动他人前进的影响力。教育者在对大学生的引导与教育过程中处于核心地位，对大学生起着言传身教的作用，教育者自身是否具有示范性和影响力对大学生会产生显著影响。因此教育者要在课堂与实践中都树立起良好的榜样示范作用，同时也要通过自身的感染力和号召力对大学生产生影响。这样在对大学生从众心理进行正确引导时，也会事半功倍。

(三)加强大学生自我效能和自主意识教育

运用积极心理学对大学生进行正确心理引导是加强大学生从众心理教育的新视角。积极心理学是一门以培育人的积极品质为研究取向的新兴学科,把培育人的积极品质作为目标。通过将积极心理学与思想政治教育工作相结合,可以加强对大学生的自我效能和自主意识教育,发掘大学生的积极力量和积极品质,从而提升大学生的自信心和幸福感,帮助大学生提高自尊心,增强大学生的归属感和安全感。积极心理学能够更好地消除网络负面消息带给大学生心理的消极影响,帮助大学生克服消极从众心理。

1.加强大学生自我效能感

自我效能感是指个体在特定情境中对自己某种行为能力的自信程度。大学生容易在网络上发生从众行为的一个重要原因就是对自己网络行为的不自信,对自己的想法和行为不够坚定,从而盲目从众。因此,增强大学生网络行为能力的自信心,加强大学生的网络自我效能感,对于帮助大学生克服网络消极从众行为具有十分重要的作用。一方面,高校思想政治教育工作者要完善网络教学工作。要营造积极向上的网络教学工作氛围,在网络教育教学工作中要注重大学生的心理状态。另外要学会教学技巧,对网络教学任务按照难易程度划分等级,根据大学生的不同水平教授难易不同的内容,使大学生能够循序渐进,在掌握更多经验的基础上也能提升自信心。另一方面,要增强大学生的网络人际信任感。网络社会由于具有虚拟性等特点,信息更加真假难辨。社会阅历不够丰富的大学生面对五花八门的网络信息,缺少对网络信息辨别真伪的能力。如果轻信了网络虚假信息,可能会使大学生对网络人际关系产生信任危机。因此,要通过完善网络保障机制,建立网络规范。要对网络信息进行正确筛选,对大学生网络行为进行正确引导。帮助大学生建立网络良好人际关系,增强大学生的网络人际信任感,避免对错误网络信息和网络行为的消极从众。

2.加强大学生自主意识教育

自主意识是指一个人对自己各种身心情况以及自己和周围关系的一种认识。加强大学生自主意识教育,对于激发大学生的内在潜能和大学生独立思考的意识,促进大学生的全面发展具有重要作用。自主意识的增强也有助于大学生增强辨别是非的能力,面对复杂环境能够坚持自我,保持自己正确的判断。网络环境的匿名性和信息化使大学生获取信息的渠道更加便捷、直观，但网络信息的良莠不齐也会使得部分自主意识缺乏的大学生受到负面网络信息的影响，进而发生消极从众行为。因此要加强对网络环境下大学生从众心理的引导与教育，就需要重视对大学生的自主意识教育。

一方面，要培养大学生辨别信息的能力，即提高大学生主动选择和运用信息的能力。大学生要学会对网络信息进行合理判断，有效选择，正确处理。在此基础上，能够将有效信息进行转化与传播，产生一定影响，培养自己的意志力。面对网络信息时，大学生要能够主动对网络信息进行判断，不能人云亦云。面对有歧义的信息保留意见，通过多渠道了解正确信息，发表正确意见，避免盲目从众。另一方面，创新思想政治教育方式。在“以人为本”的教育理念的基础上，创新思想政治教育理念。思想政治教育工作者要多角度、全方位地开展教育工作，发现影响大学生心理和思想的众多因素，因材施教，重视大学生的个体发展。在具体社会实践活动和网络实践活动中始终把大学生放在首位，重视倾听大学生的想法，加强引导教育。将教育大学生、引导大学生、帮助大学生、鼓舞鞭策大学生等结合起来，共同推进大学生自主意识的养成。

三、多管齐下，发挥大学生从众心理的积极作用

（一）加强校园网络文化建设，营造良好育人环境

大学生的发展很大程度上取决于所处环境的优劣。一个人的价值取向和道德品质都深受风气和氛围的熏陶。校园环境是教育的隐形课堂，良好的育人环境可以为思想政治教育提供优良的土壤，发挥价值导向和善恶判断的作用，更是积极从众心理产生的客观条件。校园网络环境是校园环境的重要组成部分，要通过发展优秀校园网络文化，发挥班级和宿舍的引导作用，构建校园网络德育科学体系来加强校园网络文化建设，营造良好育人环境。

1.发展优秀校园网络文化

健康高雅的校园文化环境是高校加强和改进大学生思想政治教育工作

的重要载体。[1] 在互联网高速发展的今天，更要为大学生营造一个风清气正的校园文化环境，加强对优秀校园文化的建设。通过发展优秀的校园文化和网络文化，从而为大学生营造良好校园文化氛围，促使大学生积极融入校园，促使积极从众行为的发生。

首先，要重视校园基础设施建设，为大学生提供舒适便捷的生活和学习条件，以便大学生能够以更好的状态和热情投入到学习和生活中去。校园的建筑风格能给人带来直观的感受和氛围。拥有悠久历史文化的校园在进入之初就能使人感受到文化的积淀，不同地区的大学建筑也会带有不同的地域特点，不同学院教学楼的设计也具有不同含义。教学楼和校园道路的命名也是校园基础设施建设的重要一部分，例如“厚德楼”“博学路”等，既可以培养学校的文化氛围，也可以激励学生，促使学生努力进取。校园基础设施建设要以小见大，面面俱到，这样才能够对学生产生潜移默化的影响，才能自觉践行校园文化行为。

其次，要完善校园精神文化建设，通过加强校风建设和学风建设，完善校园精神文化。校风建设指的是高校经过长期的发展和积淀形成的具有一定影响力的思想和行为风尚，是校园精神文化建设的核心。校风具有强大的精神力量，既能够对大学生进行约束，也能够对大学生产生潜移默化的影响，使大学生自觉朝着正确的方向学习和前进。加强校风建设的途径多种多样，包括学校的校史、校训、校歌等都是加强校风建设的重要途径。高校要加强对校风教育的重视，重视精神力量对大学生的引导作用。在加强校风建设的时候也要搞好学风建设。大学生的任务就是学习，大学生相比中学生而言的学习时间更加自由，学习氛围也更加放松，加强学风建设不仅能够帮助同学们在学习上相互促进，也能影响比较放松懈怠的同学端正学习态度，培养大学生学习的主动性和创造力，因此对大学生进行学风教育对于提高学习效率，提升教学质量，培育自省自律、全面发展的大学生具有重要意义。

最后，要加强校园网络文化建设。互联网飞速发展的今天，网络已成为大学生活动的重要场地。因此，学校要重视网络管理建设，加强校园网络文化建设，始终保持社会主义核心价值体系在网络建设中的引导力，

---

① 参见陈笃彬主编:《大学生思想政治教育理论与实证》，人民出版社 2011 年版，第 157 页。

2.发挥班级和宿舍的引导作用

校园、班级、宿舍是大学生在校园生活中的三类不同环境。在校园氛围和校园风气建设好的基础上，也要加强班级和宿舍氛围和风气建设。班级和宿舍是大学生长期进行集体生活的小群体，在班级和宿舍环境中，大学生的时间是自由和充足的，每个人的发展趋向也都多种多样。班级和宿舍成员的思想和行为会对大学生的思想和行为产生不同程度的影响。在“面对舍友们集体玩爆款游戏，你会选择”这一问题中(见图 2-4-1)，选择“集体活动，应该参加，我也会玩”的响应人数为 69 人，占比 15.5%；选择“了解对游戏是否感兴趣后，再进行选择”的响应人数为 298 人，占比 66.8%；选择“对游戏没兴趣，不玩”的响应人数为 79 人，占比 17.7%。凝聚力较强的班级和宿舍会使得群体内每个成员的发展都是积极的，因此要发挥班级和宿舍的引导作用，在积极从众心理的作用下使同学之间能够做到“传、帮、带”。高校要加强对班级和宿舍的管理，帮助营造积极向上的班级风气和宿舍氛围。一方面，在良好班风的影响下，会激发起大学生学习从众、入党从众等积极从众行为。民主和谐的班级氛围也会增强大学生的归属感，使他们得到情感上的认可，从而能够增强群体的凝聚力。另一方面，在优良宿舍氛围的熏陶下，舍友之间关系融洽，互帮互助，互相关心的氛围，也会帮助大学生培养良好的生活习惯和正确的人生态度。这些都可以帮助大学生避免出现消极从众的行为。

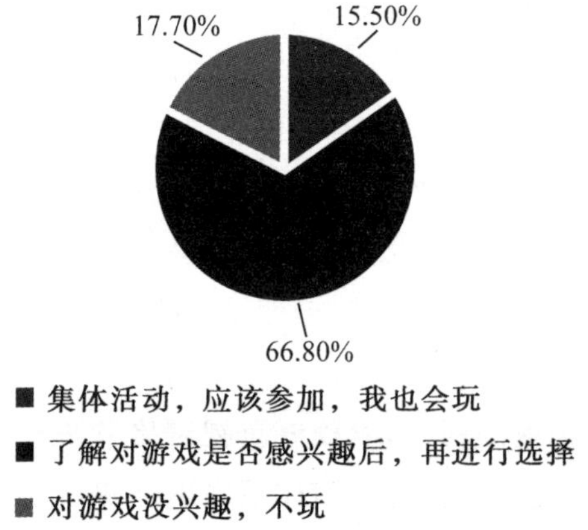

图 2-4-1　第 10 题“面对舍友们集体玩爆款游戏，你会选择”回答情况

3.建构校园网络德育科学体系

首先，要改善德育工作方法。在大学生思想发展变化的过程中，德育工作只能在外部起促进作用，在内部起作用的还是大学生的自我教育。因此，在继续保证外德育工作部促进作用的前提下，也要改善方式方法，多采用启发式教育，让大学生能够加强自我反省和自我教育，使他们能够积极融入主流。还要采取因材施教的策略，掌握大学生的心理差异，做到因人而异，全面调动大学生的积极性，帮助大学生提高独立思考的能力，对大学生树立正确的从众心理具有重要的促进意义。

其次，要加强思想道德培养，培育责任品质。通过抓住大学生对传统道德、社会公德和中华民族传统美德的认同感，借用各种渠道方式，加强对大学生的思想道德培养教育，让大学生不仅能够有认同感，更要产生共鸣。在形成正确心理导向的基础上，继续形成积极正面的集体意识、责任意识，培育大学生的集体荣誉感和社会责任感，勇于承担责任，有助于大学生形成积极的从众心理。

最后，完善网络道德教育。目前大学生所接受的道德教育偏理论性，缺乏实践。新时代的高校应该立足当下的时代特征，通过理论与实践相结合开展相关网络实践活动，提高大学生的网络道德认知能力，加强他们的网络情感共情能力，完善网络道德教育。一方面，要对大学生进行人际感情教育。大学生沉迷网络产生消极从众的其中一个原因就是现实生活中人际交往能力较弱，所以需要在网络上寻找满足感。因此，要采取多种方式增加大学生人际交往的机会，增强大学生人际交往的能力。另一方面，要通过开展网络知识讲座、网络社团活动等方式进行网络道德的教育。要促使大学生对网络上的正面信息产生积极感情，帮助大学生能够在面对网络热议问题时提出辩证的意见。同时，对有争议的问题进行正面引导，对待大学生出现的网瘾问题、网络虚假感情、网络孤独等问题及时发现并进行积极引导，帮助大学生向健康、积极的方向发展。

（二）重视家庭教育

家庭教育是各阶段教育的基础，个人思想发展行动的呈现就是家庭教育的缩影。在“你认为外界因素，哪些利于你避免从众行为（多选）”这一问题中（见前文表 2-4-2），“家庭和睦、幸福”这一选项的响应人数为 340 人，占比为 30.8%,由此可见,家庭教育在大学生身心发展的过程中占据重要地位。加强对家庭教育的重视,通过增强教育意识,改善教育方式、加强家校共育,对于帮助大学生树立正确从众心理具有积极的指导作用。

1.增强教育意识

家庭教育在一生的教育过程中有着举足轻重的作用,孟母三迁的故事告诉我们,环境对于个人的成长具有潜移默化的重要影响。家长应重视对大学生心理的关注和对道德观的培养,注重引导个人在成长过程中正确判断发生的事情,从而避免出现盲目从众的行为。

家庭教育主要受家庭成员的思想、品德和行为等因素的影响。首先,以良好家风熏陶大学生。家长要重视德育对学生的身心发展的重要影响,将教育理念融入与大学生接触的每一个环节中去,在每一次与大学生交流的过程中了解大学生特定阶段的心理特点,为他们提供积极向上的家庭氛围。其次,以良好的家教约束大学生。大学生处在人生的十字路口,在抉择的过程中难免遇到诱惑,良好的家教是大学生打破迷茫、做出正确选择的"定心丸"。良好的家教得益于家长在日常生活中对于学生的约束,得益于家长言传身教的榜样示范,得益于家长与学生间有效的双向沟通。

2.改善教育方式

大学生已经初步具有自己的人生观、价值观和世界观,家长的教育方式也需要做出一定的改变。首先,以沟通的方式取代命令的方式,针对学生前进路上的诸多选择,家长应采取沟通的方式,听取学生的想法,并给出针对性的建议,双方共同做出最终的选择。其次,以大学生为主体的教育方式取代以家长为主体的教育方式。在日常生活中,作为家长,应该尊重大学生自身的想法,逐渐培养他们自信、独立的性格。最后,将网络沟通教育融入传统家庭教育中。新媒体时代的家庭教育不局限于地域,家长可以借助网络平台,关注大学生的日常动态,分享彼此生活的日常,对大学生在成长途中遇到的困难及时进行答疑解惑,助力他们的个人成长。

3.加强家校共育

要利用现代网络技术,构建网络家校合作平台,加强学校与家庭的联系与沟通,加强家校共育效应。家长要在学校的倡导下积极做好配合学校教育的工作,同时学校也要为家长对学生进行引导与教育提供正确的理论和方法指导,使家长能够有针对性地对学生进行引导。家庭与学校合力对大学生的从众心理进行引导，才能事半功倍。

一方面，要扩宽沟通渠道。高校要借助新生报到的机会，与大学生家长尽可能多的交流彼此的信息，通过微信公众号、微信群聊、学校网站等将大学生的近况与学校的动态分享给家长，同时对家长提出的建议或要求进行讨论并积极采纳。另一方面，要为大学生家庭教育提供正确的理论和方法指导。很多家长并不懂得如何与大学生进行沟通交流，对学生缺乏耐心，习惯选择简单粗暴的方式，这给学校的教育带来了一定的障碍。因此，学校要充分利用教育者的理论储备与技能，向家长传授科学的家庭教育的方式，用民主的、科学的方式对大学生进行正确的引导与教育，能够在大学生面对学习、生活中的压力和问题时给予他们正确的支持。

（三）发挥网络非正式群体带头作用

大学生群体既包括正式群体，也包括非正式群体。正式群体是指有较为严密的组织结构和规章制度，有正式组织章程和相关组织纪律，群体成员依规定享有明确权利并履行响应义务的群体。正式群体既包括班级、宿舍、学生会、团委，也包括校内的各类学生社团等。而非正式群体既没有严密的组织结构，也没有明确的规章制度，是成员之间由于拥有共同的利益关系、兴趣爱好或情感需求而自发聚集在一起形成的群体，如老乡群、同学群等。规范正式群体，发挥非正式群体的引导作用，对于帮助大学生树立积极从众心理具有重要的引导作用。

非正式群体没有明确规章制度的约束，在管理上是有一定的难度的。但由于非正式群体内的成员是互相吸引，自发组织在一起的，因此成员关系会更加融洽、亲密，也具有更强的凝聚力。网络环境中的非正式群体表现为老乡群、同学群等一系列在网络环境下自发聚集在一起的组织形式。非正式群体中虽没有明确的领导人物，但有自然形成的具有强烈号召力和威信的“领袖人物”。在没有统一主流制度规范的前提下，非正式群体中自然形成的“领袖人物”的思想和行为会对大学生带来一定的影响，甚至可能带来负面影响，使大学生产生消极的从众心理。所以要对非正式群体进行正确的引导，使该群体人员沿着正确的轨道发展。

1.加强对“领袖人物”的正确引导

要加强对非正式群体“领袖人物”的正确引导。非正式群体中，大学生对“领袖人物”的从众行为是在自身对“领袖人物”高度认可的基础上发生的，具有较强的自卫性和排他性。要充分发挥“领袖人物”的积极带头作用，促使大学生发生积极从众行为。例如，可以通过互联网对自愿回到基层组织工作为家乡作出贡献或去相对贫困地区扶贫的毕业生的榜样事迹进行宣传，利用他们的榜样作用，帮助大学生树立正确的就业观，使他们能够真正发挥出自身的人生价值。

2.确定一致目标，促进良性互动

一方面，要促使成员目标与群体目标保持正确的一致。当成员与群体的目标高度一致时，成员参考群体行为的概率会更大。因此，要在非正式群体目标积极的情况下，积极促使成员目标与群体成员保持一致，促使群体成员积极从众行为的发生。另一方面，非正式群体要与正式群体之间形成良性互动，发挥正式群体的带动作用。非正式群体在某些时候的影响可能会大于正式群体带来的影响，因此正式群体要与非正式群体进行积极沟通与良性互动，对非正式群体自发形成的正确理念和积极行为规范进行鼓励，消除非正式群体可能会带来的消极影响，使其向积极方面转化。同时，帮助非正式群体解决群体内部问题，发挥正式群体中学生干部、学生会成员和党员的示范带头作用，形成互帮互助的良好氛围，让非正式群体不再只是单纯联系感情的群体，而是能够变成为大学生带来正确引导的群体，帮助非正式群体完成良性转化。

3.积极引导网络非正式群体

要积极利用网络非正式群体，发挥网络非正式群体对大学生的正向激励优势，帮助大学生形成积极向上的网络交往动机。既要培养大学生独立思考的能力，也要增强大学生解决问题的能力，对大学生的消极从众心理及时进行更正。这样，即使在群体意见不一致的情况下，大学生也不会迫于群体压力发生从众，而是会在理性思考的基础上做出正确的行为。

(四)锤炼品德修为，强化大学生网络综合素质

在“你喜欢通过什么方式来减少自己从众行为的发生(多选)”这一问题中(见表 2-4-3)，选项“读书，培养自己独立思考的能力”的响应人数为 308 人，占比为 24.8%；“积极参与活动，打开自己的思想”的响应人数为 313 人，占比为 25.3%；“多与朋友、家人沟通，勇于表达观点”的响应人数为 296 人，

占比为23.9%;“关注新闻时事,培养正向的价值观和人生观”的响应人数为315人,占比为25.4%;选择“其他”的响应人数为7人,占比为0.6%。由此可见,可以通过培养大学生的理性思维能力,锤炼大学生品德修为,强化大学生综合素质等,来减少大学生消极从众行为的发生,促进积极的从众心理发生。

表 2-4-3 第24题“你喜欢通过什么方式来减少自己从众行为的发生(多选)”回答情况

		响应		个案百分比(%)
		频率	百分比(%)	
你喜欢通过什么方式来减少自己从众行为的发生	读书,培养自己独立思考的能力	308	24.8	69.1
	积极参与活动,打开自己的思想	313	25.3	70.2
	多与朋友、家人沟通,勇于表达观念	296	23.9	66.4
	关注新闻时事,培养正确的价值观和人生观	315	25.4	70.6
	其他	7	0.6	1.6
	总计	1239	100.0	277.9

1.培养理性思维

大学生作为新时代青年的主力军,在错综复杂的社会大环境和意识形态百花齐放的网络背景下,一定不能盲目随波逐流。大学生要以辩证、独立的态度对待群体的意见和行为,在自己独立思考和分析的情况下做出正确的判断。要通过增强独立意识,提高自身科学文化素养和理性思维的能力,促使理性行为的发生。

第一,增强独立意识,保持独立个性。大学生具有如此普遍的从众心理的原因之一就是大学生自我意识较弱、普遍缺乏独立性。一方面大学生要树立自我意识,提高自己在生活上和学习上的独立性和自主性。在与他人交流的过程中,不要盲目参考和接受他人的意见,而是要充分发挥主观能动性,进行独立思考,通过锻炼自己进行独立思考和分析问题的能力,使自身的独立意识和自我意识不断得到增强。另一方面也要促进个性发展。大学生是朝气蓬勃、青春张扬的群体,每个大学生都应该是充满个性的个体,具有自己鲜明的特征。但宣扬个性并不代表哗众取宠，而是要在道德规范的约束范围下保持独特性。发扬充满正能量的个性和人格，既能够培养自己的自信，也能够为群体营造一个积极向上的氛围。

第二，提高自身科学文化素养。大学生发生盲目从众的重要原因是对某事件认知的片面性，因此大学生在学校接受教育的前提下，也要积极主动的进行自我教育。一方面，大学生要通过参加学校社团活动、社会实践活动、自主阅读等方式提高科学文化素养。同时可以利用便捷的网络资源，主动搜寻信息，拓宽知识面，增长见识。要响应国家号召，将自己培养成新时代“四有”青年。另一方面，大学生要增强辨别是非的能力。大学生要充满自信，克服自身的盲目性，遇事要养成主动思考的习惯，有意识地在面对问题时进行多方位的思考和分析，锻炼自己的逻辑思维能力。将这种习惯长期保持下去，习惯成自然，这样在面对一个新问题时，既能摆脱群体给自己带来的消极影响，甚至还可以在实现自我价值的基础上为群体带来价值。

2.锤炼品德修为

大学生要提高责任意识，增强抗压能力，坚定理想信念来锤炼自己的品德修为，锻炼自己的坚强意志，避免产生消极从众心理和发生消极从众行为。

首先，提高责任意识。大学生承担着重大的责任，大到推进社会主义现代化建设和实现中华民族伟大复兴的重任，小到肩负老师、父母、亲友期望的责任。因此大学生要明确自己身担重任，增强责任意识。大学生要通过经典故事、主流网站等方式，主动学习宣传所传达的道德思想和行为，激发自己强烈的集体荣誉感和社会责任感，培养爱国主义情怀。

其次，增强抗压能力。群体压力会使大学生产生从众心理，但并非所有的群体压力带来的发展都是积极的。因此，大学生要在明辨是非的基础上增强抗压能力，勇于拒绝，勇于批判。大学生要在面对消极压力时及时进行自我疏导，主动寻求他人的帮助，在不断面对压力、缓解压力和释放压力的过程中增强自身的抗压能力。大学生在发现自己出现心理问题时一定要及时地对自己进行心理疏导，主动学习心理疏导的基本方法，积极面对，不要自暴自弃。发生自己不能解决的情况时，要积极寻求身边人和专业人士的帮助，缓解压力，这样才不会在群体消极压力的影响下产生消极从众心理。

最后，坚定理想信念。大学生要树立坚定的理想信念作为自己奋斗的支撑。大学生既要有为社会主义和共产主义奋斗终生的崇高理想信念，也要有努力实现自身价值的基本理想信念。在坚定理想信念的支撑下，大学生才能够明确自己的定位，对未来有一个明确的认识和憧憬，并为之奋斗。

3.强化网络综合素质

第一，提高大学生网络素质。网络并不是完全自由之地，大学生在网络环境下也要遵守相应的道德规范，不能降低对自己的要求。既要提高自身的网络信息素养，也要提高媒介素养。在上网过程中，要始终做到心中有一把衡量的尺子，始终用道德规范约束自己的行为，明白什么该做什么不该做。在网络群体中进行相互交流时也要保持必要的道德自制力，增强对网络信息的鉴别能力。传播网络信息时保持客观性，绝不传播未经查证的舆论，不损害他人或集体的利益，自觉维护网络秩序。这样既可以为自己营造一个正面的网络平台，也能够减少网络消极从众行为的发生。

第二，要做到扬长除弊。大学生需要对自己有全面的认识，清楚自己的长处，明白自己的不足。在群体中既要积极发挥自己的长处，也要弥补自己的不足，促进自己的全面发展。大学生要对自己有明确的综合素质培养规划和未来职业规划。一方面，通过制定综合素质培养规划，对自己进行全面审视，明确自己的弱势在哪里。对于综合素质较差的大学生，要抓住自己在大学期间学习的黄金时期，通过各种方式强化自己的综合素质，为将来步入社会打下坚实的基础。另一方面，大学生还需要根据自己的兴趣和优势制定明确的未来职业规划，避免在临近毕业时的迷茫状态下出现择业从众的行为，影响自己的一生。

第三篇

大学生节约意识培育

——基于先秦儒家文化视域的分析

第一章　研究概述

一、问题缘起

“成由勤俭败由奢”，勤俭节约历来就是中华民族的传统美德。随着社会的不断发展和进步，在社会主义市场经济的大环境下，更应加强节约意识的培育和研究。

大学生群体是国家的栋梁之材，是祖国的未来和民族的希望。然而大学生正处于心理由不成熟向成熟转变的关键时期，容易受到各种社会思潮的影响，其勤俭节约的观念也存在一定程度的偏差，这是导致大学生出现攀比、金钱至上、奢侈浪费等现象的重要原因。因此，必须加强对大学生的勤俭节约意识培育。从先秦儒家文化视角，通过学习和研究先秦儒家文化，尤其是先秦儒家文化中有关勤俭节约的思想，将这些优秀理念融入大学生节约意识培育过程中，引导大学生树立正确的消费观念和资源节约意识，不断提升自身修养，勇担时代使命。

二、选题目的和意义

（一）选题目的

先秦儒家文化是中华优秀传统文化的重要组成部分，其中有关勤俭节约的思想是进行大学生节约意识培育的理论来源和支撑。本篇旨在通过对当前社会背景下大学生节约意识培育现状的调查分析，阐明大学生节约意识的现状及存在的问题，并针对相关问题详细论述其原因。在分析大学生节约意识淡薄原因的基础上，挖掘先秦儒家文化中进行节约意识培育的方式方法，并将其中有益的思想和方法运用到大学生节约意识培育的过程中。通过中华优秀传统文化的熏陶和现代化的宣传手段以及相关的课程教育，进行大学生节约意识培育，旨在提升大学生的节约意识，将节约意识渗透到大学生日常生活的方方面面，使其养成节约资源、保护环境的良好习惯，让勤俭节约的良好风尚逐渐在全社会形成集聚效应。在培育大学生勤俭节约意识的同时，完善大学生的思想道德体系，提高大学生的自身道德修养，将其培育成具有良好行为习惯，崇尚优良风尚的社会主义建设者和接班人。

(二)选题意义

1.理论意义

中华优秀传统文化源远流长，经过几千年的发展仍然生生不息，不仅是中国社会发展的精神支撑，也是中华儿女修身养性、培养崇高道德修养的文化源泉。先秦儒家文化是中华优秀传统文化的重要组成部分，其中勤俭节约的相关论述丰富厚重，是我们当前进行节约意识培育的重要理论渊源。从先秦儒家文化视角对大学生节约意识培育进行研究，不仅可以深入学习先秦儒家文化中的勤俭思想，深化认识，将这些思想与当前的社会制度和教育教学体系相结合，使先秦儒家文化中的节约思想焕发出新的生机与活力，还可以将这些优秀的文化成果和教育方式运用到当前宣传教育活动中，丰富大学生节约意识培育的方式方法和路径，为大学生节约意识培育奠定良好的思想和理论基础。

2.实践意义

节约意识培育在大学生个人品德培育中发挥着至关重要的作用。当今社会，由于多元价值观的影响，大学生群体中存在奢侈浪费、超前消费的现象。针对大学生节约意识培育过程中出现的问题，结合先秦儒家文化中有关节约的思想及其教化方式，从多个方面和视角以适当的方式将其融入大学生节约意识培育的过程中，丰富大学生节约意识培育的内容，拓宽大学生节约意识培育的路径。从先秦儒家文化视角探究大学生节约意识培育的相关问题，提出探讨大学生节约意识培育的路径可以将传统文化与现代社会发展相融合，创造中华优秀传统文化新的辉煌。

三、国内外研究现状

(一)国内研究现状

国内对勤俭节约问题的研究由来已久,以"节约意识"为关键词在中国知网进行检索,共有研究成果153篇,其中学术期刊53篇,学术论文71篇,会议2篇,报纸3篇。以"大学生节约意识"为主题进行检索,共有研究成果70篇,其中学术期刊51篇,学位论文6篇,其他13篇。以"先秦儒家节俭思想""先秦儒家节约思想"等相近主题进行检索,共有研究成果20篇,其中学术期刊5篇,学位论文15篇。可见国内对于从先秦儒家文化视角对大学生节约意识进行培育的研究相对而言比较少。具体而言,相关研究主要包括以下五个方面的内容:

1.关于大学生节约意识的相关概念的研究

杨朝明提出勤与俭相辅相成,"只有辛勤劳动才能创造社会财富,只有俭朴节约才能珍惜劳动成果"①。李荷对资源节约教育的内涵进行了阐释,他认为资源节约教育不是仅仅教会人们如何节约资源,更重要的是培养人们资源节约的素质,树立正确的节约观念,养成良好的行为习惯,最终能够全面提升自身素质。② 王欣欣认为节约教育是价值观层面和道德层面的教育,因此,她提出学校在进行节约教育时不仅要讲述节约在物质层面的意义,更要讲述节约的精神内涵,使节约成为一种人人自觉推崇的美德。她还提出,节约教育是意识培养和行为的养成,节约教育要从娃娃抓起,将节约教育体现在生活的方方面面,让人们在潜移默化中养成勤俭节约的良好习惯,成为节约意识和节约知识的宣传者和弘扬者。③

在对大学生节约意识相关概念的研究方面,主要侧重于对节约教育、大学生节约教育和大学生节约行为观念等概念的阐释,对大学生节约意识这一概念并没有进行明确详细的界定。

---

① 杨朝明:《勤俭的内涵和时代启示》,《人民政协报》2020年10月19日。

② 参见李荷:《高校大学生资源节约教育体系研究》,中国地质大学(北京)硕士学位论文,2015年。

③ 参见王欣欣:《新形势下大学生节约教育研究——以山西农业大学为例》,山西农业大学硕士学位论文,2015年。

2.关于先秦儒家文化中的节约意识的研究

杨朝明认为，孔子把“俭”作为一种德行给以高度重视。孔子提倡礼教，注重礼“恭俭庄敬”的特质。因此，在孔子看来“礼”就是“理”，礼以理物。所以说“人们追求生活富足、社会和谐，就不能不提倡勤俭”①。秦佳凤、赵英认为，孔子从国家治理、社会礼仪活动、个人修养三个层面提出了自己的节俭观，在国家治理方面，提出了“节用爱人”的思想，“节用而爱人，使民以时”，是孔子政治思想的重要组成内容，他把节俭提高到国家治理原则的高度，要求无论是统治者还是公室和贵族个人都应该符合节俭的要求；在礼仪活动方面主张“宁俭毋奢”，他们认为孔子十分重视“礼”，与节俭相比，孔子更加强调“礼”，认为与其表面上铺张浪费，不如从心底尊崇和敬畏“礼”；在个人层面，孔子把“俭”作为人的基本道德修养之一，“取之有道，取之有节”是他追求财富的基本态度，孔子的财富观是建立在“仁”和“礼”的基础上的，认为君子如果背弃仁义取得财富，就会失去君子的本原，也就不再称之为君子，孔子自己崇尚节俭，杜绝奢侈，从自身做起，主动追求勤俭朴素的生活。② 孙欢在《先秦俭论》一文中分别对孔子、孟子、荀子以及先秦其他经典著作中的节俭思想进行了分析和阐释，包括孔子的礼本论、德行论、治理观；孟子的修养论、事亲观、王道思想；荀子的治气养心之术、等级消费道德、君道理论、足国之道；《尚书》和《周易》中的俭思想。在此基础上说明孔子、孟子、荀子以及《尚书》和《周易》中的俭思想的特点和宗旨，指出先秦各家节俭思想有共性但是也有不同之处，认为我们在当今社会进行节约意识培育要取其精华去其糟粕，借鉴先秦节俭思想中的精华来加以利用，敢于直面欲望的贪婪性，以安贫乐道的精神使自己成为一个有尊严、有美德的人。③ 赵宗凤主要从“俭”思想的产生及发展、先秦儒家中的“俭”思想及其历史意义和当代价值几个方面对先秦儒家的“俭”思想进行研究，分别从政治经济文化三个方面出发，论述了先秦儒家的“俭”思想对当今社会发展的重要意义。④ 杨琪从先秦儒家俭德教育思想产生的社会基础以及理论来源出发，论述了其基本

① 杨朝明：《勤俭的内涵和时代启示》，《人民政协报》2020 年 10 月 19 日。

② 参见秦佳凤、赵英：《孔子节俭思想研究》，《内蒙古师范大学学报》（哲学社会科学版）2018 年第 5 期。

③ 参见孙欢：《先秦俭论》，中南大学博士学位论文，2014 年。

④ 参见赵宗凤：《先秦儒家“俭”思想研究》，曲阜师范大学硕士学位论文，2016 年。

内容，认为先秦儒家俭德教育的目标是养成俭德人格、创设俭德社会，认为可以通过学习和借鉴先秦儒家的说服教育法、自我教育法以及实践锻炼法对大学生进行节约意识培育。①

除此之外，付耀霞通过论述先秦儒家的节俭思想，强调“节俭”发挥的重要作用，并以此强调，先秦儒家节俭思想对营造社会节俭氛围、建设节约型社会等都产生了较大的影响。② 王丽平则着重强调先秦儒家消费观对建设节约型社会的启示，认为孔子、孟子和荀子的消费观不仅适用于先秦时期农业文明和自然经济生产力水平低下的现状，而且对当今节约型社会的构建具有一定的参考意义。③

3.对大学生节约意识培育的必要性的研究

勤俭节约、艰苦奋斗的精神是中华民族的传统美德，也是中国共产党人历经磨难最终制胜的法宝。基于此，杨朝明指出要想实现国家长治久安必须大力提倡节俭，而且节俭是仁爱和能力的体现，因此弘扬勤俭节约的精神、培育节约意识十分必要。④ 李名川和谭英雄在《加强大学生节约意识教育的必要性和途径研究》一文中提出，之所以要加强大学生节约意识教育是因为物欲横流的社会风气对大学生的价值观念产生了诸多消极影响，虽然满足了大学生的物质需求，但也导致大学生的精神生活相对匮乏。再者就是大学生浪费现象具有广泛性和普遍性，从物质到精神、从有形到无形、从宏观到微观等，已经成为社会的一种“传染病”，是严重影响经济和社会效益的“公害”；另外资源节约型社会和节约型校园建设的提出，也是加强大学生节约意识教育的原因之一。⑤

孙晓雷和袁修学认为培育大学生节约意识势在必行，并从自身因素、家庭因素和社会因素三个方面分析了进行大学生节约意识培育的必要性，认为缺乏节约意识已经成为影响大学生节约意识培育的重要因素。⑥ 同时，李

---

① 参见杨琪：《先秦儒家俭德教育思想及其价值研究》，山东师范大学硕士学位论文，2018 年。

② 参见付耀霞：《先秦儒家的节俭思想对建设节约型社会的伦理启示》，《四川行政学院学报》2007 年第 2 期。

③ 参见王丽平：《先秦儒家消费观对建设节约型社会的启示》，《河南科技学院学报》2012 年第3 期。

④ 参见杨朝明：《勤俭的内涵和时代启示》，《人民政协报》2020 年 10 月 19 日。

⑤ 参见李明川、谭英雄：《加强大学生节约意识教育的必要性和途径研究》，《湖北广播电视大学学报》2012 年第 10 期。

⑥ 参见孙晓雷、袁修学：《加强大学生节约意识 构建节约型校园》，《中国轻工教育》2010 年第 3 期。

荷提出，大学生资源节约教育是建设资源节约型社会的重要渠道，资源节约教育是进行大学生节约意识培育的重要一环，应当得到重视。[①]

4.对大学生节约意识培育现状的研究

杨三喜认为，我国经过几十年的发展基本解决了人们的温饱问题，虽然告别了饥饿，但是节约意识和节约习惯不能丢，应该代代传递，节约是一种美德，培养节约意识可以提高人们的道德修养。[②] 李荷则认为大多数学生对普及资源节约教育态度比较积极，教育形式日渐丰富，教育的课程体系逐渐形成，制度建设取得一定进展。[③] 虽然目前对大学生节约意识的培育取得了一定的成果，但是不可否认，在大学生节约意识培育过程中仍然存在一些问题，影响着大学生的身心健康发展。

陈文认为，在认识特征方面，多数学生肯定节约的社会意义，但是却忽略了节约的个人价值；在情感体验特征方面，积极情感占据主导，但是自豪感和责任感有待提升；在行为倾向特征方面，大学生节约行为倾向性不强，在消费节约行为上自觉性不够，在资源节约行为上"重己轻公"现象突出。[④] 李荷主要从学校层面出发，认为大学生节约意识培育存在的问题主要是学校教育的主体地位不突出，缺乏行为培养，教育内容单一等，李荷认为这主要是高校的教育内容和方法缺乏创新，师资力量不健全。[⑤]

孙晓雷、袁修学认为，目前大学生节约意识培育受个人因素、家庭因素和社会因素等多种因素的影响，在进行大学生节约意识培育过程中存在一定的难度。[⑥]

5.对大学生节约意识培育路径的研究

杨三喜认为，校园内节约习惯的培养、节约意识的传承，不仅要在课堂上，更应该落脚在实践中，落实在改进食堂伙食、改善运营机制等方式的引导上。[⑦] 陈文则认为培养大学生节约意识，首先要培养正确的节约观，确立

① 参见李荷：《高校大学生资源节约教育体系研究》，中国地质大学（北京）硕士学位论文，2015 年。

② 参见杨三喜：《节约意识的代际传递依靠校园》，《光明日报》2020 年 9 月 7 日。

③ 参见李荷：《高校大学生资源节约教育体系研究》，中国地质大学（北京）硕士学位论文，2015 年。

④ 参见陈文：《大学生节约意识特征调查与培养对策研究》，《学校党建与思想教育》2012 年第 24 期。

⑤ 参见李荷：《高校大学生资源节约教育体系研究》，中国地质大学（北京）硕士学位论文，2015 年。

⑥ 参见孙晓雷、袁修学：《加强大学生节约意识 构建节约型校园》，《中国轻工教育》2010 年第 3 期。

⑦ 参见杨三喜：《节约意识的代际传递依靠校园》，《光明日报》2020 年 9 月 7 日。

以“尊重人”“尊重环境”为核心理念的节约教育，努力让节约成为一种习惯和美德；其次要搭建平台，增强大学生的节约情感体验，通过体验增强自身的道德感、责任感和自豪感；再次，要完善行为守则和道德标准，规范和约束大学生的节约行为，营造良好的舆论氛围；最后，要激发大学生的责任感，让他们成为良好节约风尚的传播者、实践者和示范者，端正大学生的节约动机，节约是我们的优良传统，无论什么时候都不能丢。[①]

除此之外，何静认为应当通过加强爱国主义教育，营造良好社会氛围，发挥学校教育的重要作用，加强家庭教育以及通过同学之间相互影响的方式加强对大学生节约意识的培育[②]。孙晓雷和袁修学则认为培养大学生的节约意识首先应当完善规章制度，其次要加强宣传，宣传应当既包含理论宣传又包含健康生活方式的宣传；最后还要落脚到自身，从自身出发，加强自身修养，摒弃不良的习惯，培养大学生自觉抵制享乐主义、拜金主义，实现自己的人生价值。[③] 王欣欣针对大学生节约教育，从指导思想、工作原则和推进措施三个方面提出了对策，从学校、社会和个人三个视角分别提了可行的措施，为推动大学生节约意识培育提供了新思路。[④]

综上所述，国内学者对大学生节约意识的研究已经较为完备，从概念到现状到存在的问题及原因再到路径都有研究，但是针对路径的研究侧重点在于如何加强大学生节约教育或者如何引导大学生规范自己的行为，专门针对如何提高大学生节约意识的对策和方法比较少。对先秦儒家文化中的节约意识虽有不少研究，主要涉及孔子、孟子、荀子以及其他先秦儒家经典著作中的节约意识，但是都侧重于论述先秦儒家文化中节约意识以及其对当代社会发展的重要意义，对从先秦儒家文化中汲取关于节约意识的营养并将其运用到大学生节约意识培育中的研究较少。因此，本研究试图从先秦儒家文化视角对如何培育大学生节约意识展开论述，旨在汲取先秦儒家文化中关于节约意识培育的优秀思想，通过现代化的手段和教育方式将其融入大学生节约意识培育中，从而提高大学生的自身修养。

---

① 参见陈文：《大学生节约意识特征调查与培养对策研究》，《学校党建与思想教育》2012 年第 24 期。

② 参见何静：《大学生勤俭节约意识的缺失与强化》，《传承》2014 年第 7 期。

③ 参见孙晓雷，袁修学：《加强大学生节约意识 构建节约型校园》，《中国轻工教育》2010 年第 3 期。

④ 参见王欣欣：《新形势下大学生节约教育研究》，山西农业大学硕士学位论文，2015 年。

(二)国外研究现状

国外的相关研究比较重视对大学生节约方面的教育,但是对大学生节约意识培育的研究相对较少,目前还没有儒家文化视角。国外的参考文献中,涉及节约意识和节约习惯培养的研究较多。

美国哈佛大学实行了"校园节能计划""资源效率化计划"等一系列节约资源的计划并取得了一定的成果。在节约教育方面,许多发达国家很早之前就已经将节约行为融入了日常生活中,节约于他们而言已经成为"时尚"的代名词。

国外对节约意识的研究起步较早,研究也比较深入,值得我们参考和借鉴。

四、研究方案

(一)研究目标

本研究主要通过阅读《论语》《孟子》《荀子》以及其他先秦儒家经典著作等梳理先秦儒家有关节俭和节约的基本内涵、具体内容以及基本结构,了解先秦儒家节俭思想产生的时代背景和基础,对先秦儒家主要代表人物的节俭思想进行系统研究和深度剖析。以先秦儒家文化为背景,以大学生群体和节约意识培育为研究对象,对大学生节约意识培育的现状进行具体调查和研究。站在当前的时代背景下,客观分析和总结大学生节约意识培育存在问题的表现及原因,在批判继承先秦儒家文化的基础上,借鉴其中的有益成分,将先秦儒家文化中的有关勤俭节约的思想融入大学生节约意识培育的路径中,完善大学生节约意识培育的措施和方法,从而使大学生不断提高自身道德素养,塑造良好品质。

(二)研究重难点

一方面,本研究从先秦儒家文化视角对大学生节约意识培育进行研究,怎样将先秦儒家文化中的节俭思想通过现代化的方式和手段传达出来,应用于大学生节约意识培育的过程中,怎样实现先秦儒家传统文化的创造性转化和创新性发展，并将其与大学生节约意识培育相结合是本研究的重点。

另一方面，通过调查问卷的方式展开调查，怎样将调查问卷的内容做到具体详细，与本研究相契合，引导大学生真实回答相关问题，使得调查问卷尽量展现当前大学生节约意识培育的现状是研究的难点。

（三）研究方法及创新

当前针对大学生节约意识的研究主要集中在节约教育或者某种资源的节约措施方面，也有针对节约型校园的研究。对当前大学生节约教育存在的问题和现状进行调查研究，并提出相关的培育措施和方法是本研究需要解决的问题之一。而有关先秦儒家文化中节约精神和节俭文化的研究，则将先秦儒家主要代表人物的节俭思想进行详细论述，从整体阐释其对当今社会发展的意义。儒家文化博大精深，蕴含着十分丰富的文化资源，本篇试图在深入学习先秦儒家文化尤其是先秦儒家文化中有关节俭文化的基础上，将大学生节约意识培育置于先秦儒家文化视域下，将先秦儒家文化中有关勤俭节约的思想，通过现代化的方式融入现代大学生节约意识培育中，完善大学生节约意识培育的路径，提升大学生的自身修养。

在研究过程中，拟采用文献研究、辩证分析法和调查研究法。

1.文献研究法

通过阅读先秦儒家经典著作以及与大学生节约意识培育相关的著作和马克思主义理论相关著作，同时借助学校图书馆和网络相关资源，深入了解先秦儒家文化的发展历史，总结其中的勤俭节约思想，找到先秦儒家文化与大学生节约意识培育的结合点，围绕先秦儒家中的节约文化提出培育大学生节约意识的切实可行的措施。

2.辩证分析法

用一分为二的观点看待先秦儒家文化，既要认识到先秦儒家文化中有积极的历史价值，也要看到先秦儒家文化存在的局限性。另外，用全面的观点看待大学生的节约意识。大部分大学生具有良好行为习惯，能够准确认识节约对当今社会发展的重要意义和对自身成长成才的重要影响，但是也要看到部分大学生存在浪费挥霍的现象。因此既要对能够坚持勤俭节约的同学通过一定的方式给予鼓励，又要对有浪费和挥霍行为、不具备良好节约意识和行为的同学给予帮助和引导。

3.调查研究法

在一定范围内对在校大学生对先秦儒家文化的了解程度及其节约意识培育现状进行问卷调查，了解大学生对先秦儒家文化和节约意识培育的态度和观点，并对相关现状进行分析汇总，找出相关问题。针对相关问题从先秦儒家文化中汲取有益成分，通过借鉴先秦儒家文化的核心思想及其教化方式，提出对大学生进行节约意识培育的可行性建议。

第二章 先秦儒家文化概述

一、先秦儒家文化的内涵

先秦儒家文化作业中国传统文化的根基，不仅对中国传统文化的传承和发展具有重要作用，更是世界文化中不可忽视的一部分。要对先秦儒家文化进行深层次的探讨，必须理清文化的真正内涵。

（一）文化的内涵

“文化”一词，“刚柔交错，天文也。文明以止，人文也。观乎天文，以察时变；观乎人文，以化成天下”。（《周易·贲·彖》）也就是说，文化是指通过“文”来教育天下。文化是人们在认识世界和改造世界过程中产生的，并对人们的生产和生活产生了重要的影响。

与其他概念一样，文化也有广义和狭义之分。广义的文化既包含物质层面也包含精神层面，指的是物质和精神的总和。既包含人们通过利用和改造自然创造出的物质，也包含人们在社会实践过程中创造出来的规范、价值观念和思维方式等。狭义的文化则主要侧重精神方面，侧重人们在社会实践中所进行的精神创造及其结果。[①] 狭义的文化包含于广义的文化之内，二者都是人们在认识世界和改造世界过程中创造出的劳动成果，都是我们宝贵的财富。因此，在认识和了解文化的内涵时，应将二者紧密结合起来。

---

① 参见张岱年、方克力：《中国文化概论》，北京师范大学出版社 2004 年版，第 5 页。

(二)先秦儒家文化的内涵

先秦儒家文化指的是先秦时期指导人们生产和生活的文化,以孔子、孟子、荀子等为代表。先秦儒家文化也有广义和狭义之分,广义的先秦儒家文化指的是先秦时的儒家文化以及经过后世不断发展完善的成果,而狭义的先秦儒家文化则仅仅指先秦时期的儒家文化。本研究的研究对象是广义的先秦儒家文化。先秦儒家文化博大精深,经过几千年的发展仍生生不息,不仅使自身得到丰富和完善,更为我国社会的发展和进步作出了卓越的贡献。

先秦儒家文化以人为中心建立起理论体系,因此它十分强调人的重要性和主体地位,强调道德形成的自觉性,希望通过人们的实践实现对自身的教化,从而最终达到维护封建统治的目的。除此之外,先秦儒家文化十分强调实践的重要性,注重"知行合一",主张通过勤奋和不懈的努力来达到教化的目的。先秦儒家的这种注重实践的教化方式,随着时代的发展和进步,依然是进行教化的重要方式,可以在大学生节约意识培育中加以运用。

二、先秦儒家文化的核心内容

对于儒家思想的核心内容,学术界一直有所争议,主要分为三种观点。第一种认为"仁"是儒家思想的核心。他们认为"仁"在儒家思想中处于中心位置,而"礼"则是为了达到"仁"而施行的一种外在手段。第二种认为"礼"是儒家思想的核心。他们认为"礼"在维护封建统治制度中发挥着核心作用,认为"仁"是"礼"的内容之一。第三种认为"仁"和"礼"同等重要,相互支撑、互为补充,共同构成了儒家思想的核心。

(一)仁:最高目标,内在追求

通过对先秦儒家思想的了解和研究,笔者认为,"仁"是先秦儒家文化的核心思想。"仁"在先秦儒家文化中具有统领全局的作用,体现在先秦儒家整个内容体系中。"仁"是最终归宿,"成仁"也是人们追求的品行最完善的状态的追求。同时,"仁"也是先秦时期政治实践的最高原则,"为政以德"的目标即是对"仁"这一精神的践行,所以说"仁"是先秦儒家思想的最高目标。

对于"仁"的明确理论界定,学术界也有不同的观点。胡适认为,"尽人道，即是‘完成人格’，即是仁”[①]。在冯友兰看来，“仁”是人的禀性和气质、性格和脾气的合乎礼的真实流露，他所说的“仁”指的是人的全部品德，认为忠恕就是仁。[②] 匡亚明总结了“仁”的多重含义，包含“仁者爱人”和“严以修身”，同时还是“人类对其本质的自我意识，是对于当时已经形成的关于人的各种学问，特别是伦理学说的哲学反思”[③]。总体而言，“仁”既是道德范畴，又是政治范畴，是处理人与人、人与社会以及人与自然关系的根本法则。这一法则，从孔子、孟子再到荀子一以贯之。

孔子继承了周公的礼乐思想，将“仁”的思想融入“礼”的教化中，开创了独具儒家特色的仁学体系。“仁”也成了个体修身养性和施行“德政”的最高境界和最高标准。对“仁”的理解，孔子答道：“爱人。”孔子还提出“己欲立而立人，己欲达而达人”和“己所不欲，勿施于人”，从这两个角度对“仁”进行了解读。孔子认为“仁”具有广泛的道德意义，他还认为一个人如能坚守“恭”“宽”“信”“敏”“惠”五种品德，那就可称之为“仁人”。除此之外，“仁”还包括“智”“勇”等道德品格，即“仁人”皆应具备所有的美德。由此可见，“仁”是统摄所有道德内容的最高概念，“仁”还具有重要的政治意义和民本思想，都是对“仁”的内在精神的实践。

孟子突出强调“亲亲”之情对“仁”的重要意义。“亲亲，仁也”，“仁之实，事亲是也”都将“仁”理解为敬爱亲人。从“亲亲”出发，进而提出“爱人”“爱物”，这就是我们所知的“亲亲而仁民，仁民而爱物”，这就体现了“仁”的内涵及其所蕴含的道德意义。孟子还从“爱”的角度来阐释“仁”的深刻意义，认为“恻隐之心，仁也”。他把“仁”认为是人心所具有的天赋本能，也将其看作人的内在规定性。孟子还开辟了一条用“心”解释“仁”，用“义”践行“仁”的路径，并将“义”作为一种行为规范深入个体的道德主观世界，有与治理天下的政治实践相结合，从而阐发了“仁政”的社会思想。

荀子把“爱人”作为基础来阐释“仁”的深刻含义。荀子曰：“君子养心莫善于诚，致诚，则无它事矣。唯仁之为守，唯义之为行。诚心守仁则形，形则神，神则能化矣。诚心行义则理，理则明，明则能变矣。”荀子将“仁义”作为

---

① 胡适：《中国哲学史大纲》上卷，东方出版社 2012 年版，第 99 页。

② 参见冯友兰：《三松堂全集》(第二卷)，河南人民出版社 2001 年版，第 316～317 页。

③ 匡亚明：《孔子评传》，齐鲁书社 1985 年版，第 182～183 页。

个人行为的最高准则和安身立命的根本所在。他认为君子只有自己奉行“仁义”才能教化民众，才能改善风俗和习惯。与孔子和孟子相比，荀子更加强调“礼”的重要作用和意义，但仍将“仁”放在最重要的核心位置，并且开辟出了以“礼”解释“仁”的独特路径。荀子阐释了“先仁后礼”的思想，认为君主只有具有仁心才能制定合理的礼义法度，而“礼”同样是“仁”的外在表现。荀子要求君主必须首先具备高尚的品德，并用其推行礼制，才能够更好地治国理政。

由此可见，虽然在具体实施方法上有所差异，但孔子、孟子和荀子关于“仁”的阐释和理解是一脉相承的。他们都认为“仁”既是先秦儒家文化的核心，也是先秦儒家教化的核心和最高目标。“仁”不仅是个体道德修养的最高准则，反映出人性的价值和存在的意义，而且体现在国家的政治实践中。孔子的“德政”，孟子的“仁政”和荀子的“王政”，都是对“仁”这一精神内核的践行，都是先秦儒家运用道德手段达到治理国家的目的思维。先秦儒家“仁”的思想运用到大学生节约意识培育中，就是要求大学生通过加强自身的道德修养，养成良好的节约习惯，并将节约作为一种价值追求，以此来加强节约意识培育的效果。

（二）礼：核心制度，外在规范

先秦儒家在继承发扬“礼乐”制度的基础上，将“礼”作为其自身思想体系的核心制度，并积极阐释其核心思想和价值，使得“礼”成为施行“仁”的外在规范。

从总体上来说，先秦儒家的“礼”有以下三个方面的含义。首先，“礼”指的是各种礼节和仪式，内容涉及甚广，运用于政治、经济以及日常生活中的方方面面，成为约束人们思想和行为的外在规范。孟子认为，“礼”首先指的就是人与人交往中的礼节和具体的礼仪制度。其次，“礼”是一种治理国家的方略和国家制度，在推动社会关系和谐发展，保持社会结构稳定方面发挥着重要作用，是先秦儒家达到政治上所追求的“为政以德”的目标的制度保证。最后，“礼”体现为内容与形式的统一。荀子认为，“文理繁，情用省，是礼之隆也；文理省，情用繁，是礼之杀也”。指的是合乎中庸的“礼”，即内外表里，并行兼用的“礼”。“礼”与“仁”一样，既包含道德层面的作用又包含政治层面的作用，并且也广泛应用于社会生活的各个领域。“礼”是维系社会安定的纽带，是人与人和谐交往的制度形式，在社会伦理道德秩序的构建中发挥着主导作用。

孔子把“礼”作为是成人的根本要求。他认为君子要博学，要以“礼”约束自己，还要求人人都能做到“克己复礼”。在政治上，孔子认为“礼”，能够使社会“尊卑有序”，能够协调好复杂的社会关系，只有将“礼”作为一种规则，才能让民众达到其应有的人格和品行。

孟子认为“礼”是人性的重要组成部分。他说：“君子所以异于人者，以其存心也。君子以人存心，以礼存心。”孟子认为君子只有以“礼”为标准做事才能符合“仁”道，因而把“礼”视为个人立身处世的内在根基之一。此外，孟子还认为“无礼义，则上下乱”，强调“礼”在维护封建等级制度和社会安定方面的重要意义。

荀子说：“礼也者，贵者敬焉，老者孝焉，长者弟焉，幼者慈焉，贱者惠焉。”他认为合乎“德”就合乎“礼”，“礼”是各种道德的融合。反之，如果没有礼义规范，人就无法积极向善，因此要积极知礼、学礼、践礼，不断提升自我，提高自己的道德修养和道德境界。除此之外，荀子还从“性恶论”出发，阐释“礼”在教化民众、遏制人的欲望以及维护政治稳定和封建等级社会秩序等方面的重要性。他强调“礼”不仅可以限制“恶”，而且还可以调节社会关系。“礼”不仅是道德要求，也是治理国家的制度保障。由此可见，“礼”不仅是先秦儒家的核心制度，更是其道德和政治的外在规范。

通过对先秦儒家“礼”的论述和分析，可以发现，先秦儒家的“礼”在当今社会可以理解为制度。任何行为习惯的养成在起始阶段都需要制度的约束，通过制度约束逐渐成为一种由内而外的修养。同样，大学生节约意识培育也需要相关制度的约束，通过制度大学生的行为，帮助其确立正确的节约观念。因此，先秦儒家中“礼”的精神对大学生节约意识培育也同样有借鉴意义。

（三）仁与礼的关系：仁为礼之体，礼为仁之用

“仁”在先秦儒家文化中具有统摄全局的作用，是其进行道德教化和培育的最终目的。“礼”是一种制度和规范，是达到“仁”所必须遵守的规则。

“仁”是“礼”的目的。“克己复礼曰仁”，“克己”是为了“复礼”，如果只是为了“礼”而未体现“仁”的精神，那么“礼”也就失去了其内在的意义。“克己

复礼”的最终目标是实现“成仁”的道德追求，“仁”是最终目标，“礼”是外在的约束和规则，二者是相互统一、相辅相成的关系。具体来说，道德实践的最终目的是实现“成仁”的目标，“成仁”也就是个体在自我品格上达到最完善的状态。

总而言之，“仁”在先秦儒家文化中始终居于最高地位，也是先秦儒家教化的最终目标，“礼”则是为了达到“仁”这一目标而施行的规则或措施。所以说，“仁”是主体，而“礼”是手段，二者相辅相成，共同构成先秦儒家文化的核心内容。因此，要深入挖掘和学习借鉴先秦儒家文化，必须首先明确“仁”与“礼”的关系，在此基础上进行更深入的探讨，才能真正了解先秦儒家文化，使得先秦儒家文化为大学生节约意识培育贡献力量，并实现自身的创造性转化和创新性发展。

三、先秦儒家文化的当代价值

先秦儒家文化是中华优秀传统文化的重要组成部分，经过几千年的传承和发展，儒家文化对我国的政治、经济、文化、教育等的发展都发挥了重要作用。正确了解先秦儒家文化的当代价值，能够进一步加强先秦儒家文化在新时代的影响力和感召力。

（一）先秦儒家文化的政治价值

先秦儒家文化中所蕴含的民本思想对当今社会的建设和发展带来了深远影响，为中华儿女提供行动上的支持，助力中华儿女为社会发展和稳定发展贡献力量。

先秦儒家不仅强调“礼”，也强调“德”，无论是君主、官员还是普通百姓，都应当十分注重“养德”。君主要坚持“为政以德”的治国理念，不仅要以德治国，更强调自身道德修养的重要性，要求君主必须“以德服人”，只有不断加强道德修养，才能真正管理好国家。百姓在日常生活中也要坚持“德”，注重自己的道德修养，只有所有百姓都能够追求道德上的完善，才能实现国家的和谐发展和长治久安。

先秦儒家“为政以德”的主要思想是“爱人”，要将人民的需要放在首位。我国的实践也证明“仁爱”思想是符合社会发展的有积极影响的思想。在新时代,我们更需要立足当下,积极挖掘先秦儒家文化中积极有益的思想,为建设社会主义现代化强国建设发挥其应有价值和作用。

(二)先秦儒家文化的经济价值

中华优秀传统文化能够为经济的发展和进步提供精神力量,能够调动人们生产生活的积极性和主动性,为社会发展作出重要贡献。

就先秦儒家文化而言,我们所熟知的"儒商"就是发源于儒家,经过不断发展完善形成了享誉全国甚至全球的"儒商文化"。"儒商文化"强调诚信、仁爱等,这些精神也都是现代企业家必须具备的精神。"儒商精神"不仅是一种文化象征,而且也为企业的发展和我国经济的进步提供了可供借鉴的理念。正是在这些正确理念的指导下,我国企业发展才能兼顾经济效益和社会效益。先秦儒家文化不仅帮助企业更好发展,也为我国经济带来了更多的生机和活力,为经济的平稳发展营造了良好的环境。

(三)先秦儒家文化的文化价值

文化是一个民族进步的灵魂,是一个国家兴旺发达的不竭动力。经过改革开放几十年来的发展,我国的经济发展水平有了大幅度提高,人们的生活日新月异,但是文化的建设和发展与经济的快速发展不相适应,因此,要继续宣传弘扬中华优秀传统文化。

先秦儒家文化是中华优秀传统文化的重要组成部分,也是中华优秀传统文化的根基,在文化传承和发展过程中扮演着重要的角色。先秦儒家文化中的"仁""礼""德""俭""让"等在当今社会也仍然是我们所倡导的精神。虽然这些思想与其在先秦时期相比被赋予了更为丰富的内涵,但仍是先秦儒家文化中的精华。

要提升文化软实力,首先要有民族认同感,要对先秦儒家文化有正确的认识,取其精华去其糟粕,注重对先秦儒家文化的传承和发扬。真正理解先秦儒家文化的精神所在,才能不断提升民族自豪感,才能通过先秦儒家文化帮助大学生和全体社会成员形成正确的价值观念。

(四)先秦儒家文化的教育价值

先秦儒家文化具有重要的教化和引导作用。先秦儒家注重道德教化,对维护当时社会的稳定发挥了重要作用。近年来，中华优秀传统文化受到了广泛关注，应借此机会加大对先秦儒家文化的宣传力度，扩大先秦儒家文化的影响力，从而不断提升社会成员的整体道德修养，构建更加和谐的社会。

先秦儒家文化突出强调“德治”的重要性。“德治”包含个人与个人之间、个人与集体之间，个人与国家之间的相互关系，包含公德和私德两部分。无论公德还是私德都是每个社会成员必须遵循的准则，在整个社会发展中都具有十分重要的意义。

除此之外，先秦儒家还十分注重生活化的教化方式，善于将教育融入日常生活中，通过潜移默化的教化方式，帮助人们确立正确的价值观念。优秀的先秦儒家文化引导人们树立正确的价值观念，为整个社会确立了判断是非善恶的标准，有利于形成良好的社会风气。

第三章　大学生节约意识的相关解析

对相关概念进行解析，理清相关概念之间的联系及区别，是进行深入研究的前提和基础。因此，本章对大学生节约意识培育涉及的核心概念、内涵及其历史渊源，在前人研究的基础上，进行更深入的解读。

一、节约意识的内涵及特征

（一）节约意识的内涵

从词源角度来说，“节”最早泛指植物茎上着生枝叶的部分，后来引申为树木的枝干交接处。到先秦时期，《荀子·天论》中写道：“强本而节用，则天不能贫。”“节”被解释为“节制、减省”。“约”解释为“紧缩、节俭”。“节约”一词在《辞海》中的解释为“节俭、节省”。从浅层次上理解，节约就是节俭、俭约的意思。随着经济的不断发展、社会的日渐进步，节约一词也被赋予了更多新的内涵。例如，在哲学领域，“节约”指的是事物能够以一定方式达到内部与外部的统一，花费最小的成本收获最大效益；在经济领域，“节约”主要指的是人们在生产生活中对各类自然资源和社会资源的合理规划及利用；在文化领域，“节约”实际上是社会文明进步的标准，是人类精神世界的反映和道德层面的要求。概括来说，“节约”的主要内涵主要包括三个方面。首先，节约是相对浪费而言的，主要指的是减少对自然资源以及有形的社会资源的消耗和浪费。其次，在经济领域，节约是指在经济不断发展的过程中，导致资源不足或者资源利用率低的现象。需要对资源进行合理规划和分配，使资源在最大程度上实现循环利用。最后，在哲学及道德领域，节约主要是良好品质和修养的体现。人类合理利用资源,规划社会财富。在日常的生活中,人们反对铺张浪费,坚持物尽其用,养成健康的生活方式。

节约意识是个人对自己所处社会的所有资源的认识,主要表现为自身对自然资源及社会资源利用方式的一种心理认同和理性自觉。节约意识是在注重强调节约观念和节约行为的社会背景下逐步形成的,它的产生和发展与节约观念有着密不可分的关系。因此,对节约意识进行界定和研究,必须以节约意识的发展规律为研究起点,从而把握节约意识最核心、最本质的内容。

从词源角度来说,"意识"英语词源是"Consciousness"。"意"解释为自我,"识"解释为认知、认识。"意识"代表个体的独立性,是主观存在的独特坐标。它随着人类的产生而产生,是人类不断发展及创新活动的结果。"意识"在《辞海》中有两种解释。第一种是指哲学上人对客观物质世界的反映,第二种是觉察。在本研究中,取"意识"在《辞海》中的第一层含义,即哲学上人对客观物质世界的反映。

立足于马克思主义哲学,从意识的起源和本质来看,意识是物质世界长期发展的产物,是人脑对客观物质世界的反映,意识是实践的结果,但是其又有主观能动性。在生理上,一般把意识作为觉醒状态。在心理学上,则把意识作为自觉的心理活动,有时还把"意识"与心理作为同一概念运用。[①]

哲学与心理学对"意识"的研究既有共性又存在个性。相同之处是二者都以马克思主义哲学为基础,并在其指导下进行研究。不同之处在于,在哲学领域,主要是对名词"意识"的研究,并且研究时通常将其与"物质"联系在一起,主要是研究"物质"与"意识"的相互关系。在心理学领域,主要是对动词"意识"的研究,它更强调人的反映,还包括其产生的根源、具体表现、发展状态和效果影响,主要集中于个体的意识。

在心理学领域,作为人所特有的心理现象而产生的意识研究,主要包括前阶接触感觉、中阶过渡知觉、后阶综合思维等,是具有复合层级递进结构的最高级的人类认识活动,思维在其中起着决定性的作用。简而言之,就是知、情、意的统一。"知"指的是人类对世界的感性认识和理性认识的统一,"情"指的是人类对客观事物的心理感受与评价,"意"指的是在知、情基础上

① 参见李鹏程主编:《当代西方文化研究新词典》,吉林人民出版社 2003 年版,第 354 页。

所表现出来的精神状态或心理状态。因此,基于本研究的研究对象和内容,文中“意识”采用心理学领域的解释。

(二)节约意识的特征

某一事物的本质属性是该事物区别于其他事物的最根本的特征,这种属性既包含形式上的本质属性,也包含内容上的本质属性。基于本研究的研究视角,综合相关学者的观点,对节约意识的概念有以下界定:

首先,是节约意识形式上的本质属性。节约意识是一个综合性概念,它是指人们在社会生活中产生的关于人与各种资源的关系以及资源节约、社会可持续发展的各种感知、认识等形成的各种观念的总和,是一种文明意识的体现,也是节约意识作为一种社会意识形态的一般属性。

其次,是节约意识内容上的本质属性。本研究中所讨论的节约意识具有更多的特殊性。本研究的讨论主体是大学生,而不是所有的社会成员。本研究关注的节约意识并不是在现代社会中形成的,而是贯穿于历史长河中的,是对人类社会中各种奢侈浪费现象的反思,不仅体现着人类对当下的思考,更着眼于未来。本研究中所讨论的节约意识还与政治、经济、文化、社会生活等息息相关,有着其他领域所不具有的独特性。

最后,本研究将对节约意识的探讨置于先秦儒家文化背景下。每个时代都有社会意识,但是每个时代的社会意识又有各自不同的特性,因此对节约意识的认识和理解也有所不同。

简而言之,节约意识就是个体对节约的认识以及所具有的观念的总和。具体来说,节约意识涉及自然资源节约意识、社会资源节约意识、金钱意识、消费意识等各个方面。节约意识是一种人生态度,是知行合一的理念,绝不是挂在嘴巴上的口号,而是实打实的行动。

二、大学生节约意识的内涵及特征

(一)大学生节约意识的内涵

节约意识的培育是覆盖全体社会成员的,其主体可以是领导干部、工人、农民、学生、普通群众等。虽然节约的内涵是相同的,但是对不同社会群体而言，勤俭节约的具体内容又是有所区别的。大学生群体总体上具备良好的科学文化素质，因此，对大学生的认识一般局限于在校大学生这一身份。实际上，大学生所扮演的角色不只是学生，他们在家庭中是子女，在社会中还是一名普通的公民。

大学生若想扮演好不同角色，需要遵循不同角色的要求，自觉履行相应的义务。要用严格的标准要求自己，自觉承担起时代赋予青年的使命和责任。大学生应从自身的角色出发，在遵守相关规章制度的基础上，提高节约意识，从内心深处按照“君子”的标准进行自我教育和自我学习，做到知情意行相统一，最终使其成为自身的修养。

(二)大学生节约意识的特征

大学生节约意识相较于其他社会群体有其独特性，主要包括个体意识、集体意识和主体意识三个方面。

首先是个体意识。大学生群体相较于其他社会群体，具有较强的自我意识，在人格上更具独立性，能够对自己的身份特征具有较强的感受和认同。大学生群体的个体意识主要表现在三个方面。(1)大学生能够意识到自己存在的独特意义，这也就是说，于大学生群体而言，个体的存在不是为了他人而存在，而是为了自我而存在。(2)大学生能够认识到自己在社会群体中的独特性。在社会中，大学生的个体意识体现在能够认识到自己与他人之间存在的区别。大学生群体与社会的发展和国家的进步息息相关，大学生群体的素质直接关系到国家和民族的素质，大学生群体的培育质量直接影响到国家的发展。(3)大学生的个体意识还体现在意识到自己的独特性和与他人存在区别的基础上形成的，为了自我利益而考虑的独立意识。

其次是集体意识。集体意识是在个体意识基础上形成的事关所有社会成员的意识。在社会生活中，人类只有在个体意识基础之上，在独立思考的过程中意识到个人利益与集体利益相关时，才能形成符合节约意识要求的集体意识。反之，任何灌输式教育养成的集体意识都不是真正的集体意识，也必然在推进的过程中遭受抵制。

最后是主体意识。大学生群体通过在日常生活中的学习具备了个体意识和集体意识以后，还需要具备一定的参与意识，积极参与到节约活动中。当今社会，人们生活越来越美好，但是也应当认识到浪费现象屡禁不止，依然在影响着社会的发展，人们节约观念不够深入的现状依然存在。思想是行为的先导，要想让“节约光荣 浪费可耻”的观念落实到行动上，就要切实培养人们的节约意识，发挥人们的集体意识，勠力同心，从身边的点滴小事做起，以小我影响社会，成就社会大我，最终通过全体社会成员的努力，为全面建成节约型社会助力。

总之，大学生节约意识是以大学生为主体的节约资源、保护环境等观念的总和。它主要聚焦于大学生群体，通过大学校园所特有的教育和培养方式，引导大学生树立正确的观念，养成勤俭节约的习惯，并通过大学生的辐射作用，进而影响全体社会成员，使我们的社会最终成为崇尚节约的美好家园。

三、大学生节约意识培育的重要意义

勤俭节约是中华民族的传统美德，也是我们成家立业、维护社会稳定和谐的重要一环。大学生群体思想不断成熟完善，乐于接受新鲜事物，更应当坚持勤俭节约、艰苦奋斗的理念，自觉形成良好的节约行为和节约习惯，为良好社会风尚的形成贡献自己的力量。

（一）改善当前大学生浪费行为的必然要求

当前，在餐厅、宿舍、教室等场所随处可见浪费粮食、浪费资源的现象。高校校园浪费成风，节约行动尚未贯彻落实到位。大学生对剩菜剩饭、不关灯、不节约用水等都习以为常，浪费问题严重，节约意识淡薄。

食堂浪费是当前大学生最主要的浪费行为之一。食堂浪费不仅数量大，而且浪费的种类繁多，主要包括馒头、米饭、蔬菜、各种肉类和饮料。其中，主食的浪费比重是最高的。高校食堂通常会张贴“一粥一饭当思来之不易，半丝半缕恒念物力维艰”“一米一粟来之不易，爱粮节粮人人有责”等宣传标语，但是起到的作用微乎其微，大多数同学视而不见。所以，对大学生节约意识的培育还要从根源做起，让大学生自身意识到节约粮食的重要意义和必要性，才能真正养成勤俭节约的良好习惯，并将节约意识体现到生活的方方面面。

资源浪费也是大学生目前主要的浪费之一。大多数高校大学生与同学共同生活在同一空间内，部分大学生认为一些生活琐事与自己无关，这不仅导致大学生不能形成良好的节约意识，而且会导致大学生过于注重自我意识而忽略集体，脱离集体生活也不利于大学生自身的成长和发展。因此，需要通过多种途径、多种方式对大学生进行节约资源相关教育，让大学生意识到节约资源的重要意义。

总而言之，大学生浪费主要集中于食堂粮食浪费和生活水电资源浪费，可以通过课堂教育、举办相关活动和讲座、组织大学生参加“勤俭节约我参与”等相关主题活动，借助社会资源和社会力量积极弘扬“节约光荣 浪费可耻”的价值观念，全方位地对大学生进行节约意识培育，帮助大学生树立合理的消费观念和节约意识，减少浪费行为，从自身做起，成为厉行节俭的“代言人”。

(二)健全高校节约意识培育体系的需要

在高校中，对大学生进行节约意识培育的最直接的方式就是课堂教育，然而事实上，多数高校并没有完善的节约意识培育体系，而只是依托思政课、讲座以及其他相关课程等可能涉及节约意识的方式对大学生进行简单的讲解和宣传，引导他们自觉树立正确的观念。但是仅仅依靠上述方式是远远不够的。

大学生节约意识培育的目的是全面提升大学生素质，构建大学生节约意识培育体系是大学生节约意识培育的重要一环。高校在对大学生进行节约意识培育的过程中，能够不断探索适合大学生节约意识培育的方式和方法，进而为今后大学生节约意识培育提供有效借鉴。高校在大学生节约意识培育中扮演着重要的角色，尤其是高校教师的角色更为重要。教师对节约意识的重视程度和关注程度可能直接影响到大学生对节约意识的认识，直接关系到大学生在日常生活中的行为。

总而言之，对大学生进行节约意识培育，不仅能够帮助大学生树立正确的价值观、消费观和节约意识和价值观念，也能够帮助高校在这一过程中逐渐形成和健全大学生节约意识培育体系，不断完善大学生教育体系，进而形成更加全面、更加具体的培养方案。

(三)建设节约型校园和节约型社会的需要

建设节约型校园是建设和谐美丽校园的重要内容,建设节约型校园就是要培养具有节约意识和节约行为的创新型人才。培养节约型人才是建设节约型校园的重要基础,因此学校要将培养节约型人才放在重要位置,努力成为培养节约型人才的重要阵地,为社会主义现代化建设提供源源不断的高素质、创新型人才。

节约型社会指的是要在社会生产的各个环节和领域中,通过采取各种切实可行的措施,提高各种资源的利用效率,利用最少的投入获取最大的经济效益和社会效益,从而促进社会的可持续发展。节约型校园是建设节约型社会的重要内容,要在高校开展节约意识培育,在全体师生间开展节能减排活动,促进全体师生加强节约意识,从而形成正确的生活方式和消费方式,树立勤俭节约的意识,为建设节约型社会贡献自己的力量。

建设节约型社会是全面建设社会主义现代化国家的应有之义。推进社会主义现代化进程,要推动经济、政治、文化、社会、生态五个方面的协调发展,节约意识的培育是进行和谐社会建设的重要一环。在推动经济又好又快发展的同时,还要保护生态环境,将绿色发展的理念深植在人们心中。大学生群体作为即将踏入社会、服务社会、奉献社会的群体,也应当为经济生态的发展做出自己应有的贡献。

对大学生群体加强节约意识培育能够带动各个领域的成员加强节约意识,只有将个人的发展与社会的进步结合起来,才能在完善自身的同时为社会的和谐发展贡献自己的微薄之力。

第四章　先秦儒家文化融入大学生节约意识培育现状调查与分析

为了全面准确地了解和掌握大学生对先秦儒家文化、先秦儒家节约思想以及当前大学生节约意识培育的现实情况，从先秦儒家文化视角有针对性地对大学生节约意识培育提出可行性建议，在研究过程中就相关问题展开调查。通过问卷调查，将目前大学生对先秦儒家文化和先秦儒家节约思想的了解程度以及大学生节约意识培育现状进行详细分析，为更好地进行大学生节约意识培育提供重要依据和参考。问卷调查及其结果分析不仅能够全面展示先秦儒家文化融入大学生节约意识的现状，而且能够为先秦儒家文化融入大学生节约意识培育提供更多可供参考的路径。

一、调查问卷的设计与实施

调查问卷是进行研究的重要途径和渠道，对分析问题具有重要的指导意义。本研究采用了“设计—调查—分析—总结”的思路，通过调查问卷的形式获取研究所需要的数据和信息，并在此基础上进行进一步的研究。

(一)调查问卷设计

本次调查问卷是在对相关理论进行学习并借鉴现有相关调查问卷的基础上编制的。问卷包含 36 个题目，问题的设置主要包括大学生的基本情况、大学生对先秦儒家文化的了解情况、对先秦儒家节约思想的了解情况以及大学生对当前节约意识宣传方式的了解情况和大学生对自身节约行为的认识等几个方面，主要是通过调查研究了解大学生对先秦儒家文化和先秦儒家节约思想的关注和认识程度，并通过调查研究了解大学生目前节约意识培育的效果。本次调查问卷的对象为在校大学生，采用匿名的形式进行，最大限度保证问卷的真实性，从而更好地了解大学生的真实想法。

本调查问卷主要以线上的方式进行，通过问卷星平台发布，范围在山东省内。调查问卷共收回 817 份，其中有效问卷 791 份，占比 96.82%。本问卷所有数据均通过计算机软件进行统计并分析，提高了数据的有效性，为本研究提供了数据支持。

(二)调查问卷的基本情况

本次调查问卷基本情况详见表 3-4-1，主要从性别、目前就读年级、政治面貌、专业所属学科类别等相关方面进行统计。由表可知，从性别来看，男生人数为 366 人，占比 46.27%；女生人数为 425 人，占比 53.73%。从年级来看，本科生人数为 603 人，占比 76.23%；研究生人数为 188 人，占比 23.77%。其中，本科生中，大一学生人数为 162 人，占比 20.48%；大二学生人数为 141 人，占比 17.83%；大三学生人数为 116 人，占比 14.66%；大四学生为 184 人，占比 23.26%。从政治面貌来看，中共正式党员的人数为 125 人，占比 15.80%；中共预备党员人数为 250 人，占比 31.60%；共青团员人数为 333 人，占比 42.10%；群众人数为 83 人，占比 10.50%。从专业所属类别来看，人文学科人数为 458 人，占比 57.90%；理工学科人数为 291 人，占比36.79%；其他类别人数为 42 人，占比 5.31%。此次调查问卷从总体上而言，在性别比例、年级比例、家庭所在地比例、政治面貌比例以及专业所属学科比例都相对均衡，因此，样本在整个大学生节约意识培育调查中具备一定的代表性。

表 3-4-1　样本情况(样本总量 791)

变量	变量含义	频率	百分比(%)
性别	男	366	46.27
	女	425	53.73

续表

变量	变量含义	频率	百分比(%)
年级	大一	162	20.48
	大二	141	17.83
	大三	116	14.66
	大四	184	23.26
	研究生	188	23.77
政治面貌	中共党员	125	15.80
	中共预备党员	250	31.60
	共青团员	333	42.10
	群众	83	10.50
学科所属类型	人文学科	458	57.90
	理工学科	291	36.79
	其他	42	5.31

二、先秦儒家文化融入大学生节约意识培育的优势

我国历来重视对优秀传统文化的继承和弘扬,先秦儒家文化历经千年发展生生不息,为我们提供了丰富的文化资源和教育资源。因此,先秦儒家文化在大学生节约意识培育中具有先天优势,能够更好地在大学生节约意识培育中发挥作用,帮助大学生以合乎自身实际的方式和方法树立正确的消费观和节约意识。

(一)先秦儒家文化影响深远

在新的历史条件下,先秦儒家文化有与当今时代发展相适应的积极文化,也有与当今社会发展相违背的消极文化。正是因为先秦儒家文化有积极和消极之分,我们才能够在运用的过程中“取其精华,去其糟粕”,以优秀先秦儒家文化作为大学生节约意识培育的基础。先秦儒家文化从发展之初到现在,在国内外都具有广泛影响。在先秦儒家文化的发源地——山东曲

阜，每年9月下旬都会举行纪念孔子的活动，弘扬中华民族优秀传统文化，加强国际间交流与合作。先秦儒家文化的广泛影响力是其能够帮助大学生增强节约意识的重要原因之一，能够推动大学生节约意识培育向着更有益的方向发展。

“儒如五谷”是对先秦儒家思想的形象表述和总结，充分展现出先秦儒家思想的实用性和重要性。通过生活化的教育方式将其所提倡的思想渗透到人们日常生活中的方方面面，以此帮助他们树立正确的观念和合乎准则的道德，才能真正将道德规范“内化于心，外化于行”。从家庭生活到职业生活，从衣食住行到言谈举止，从出生入学到婚嫁死亡，先秦儒家将其道德规范和伦理具体到人们日常生活中的点滴小事中。无论人们从事何种职业、处于人生何种阶段，都能从中找到与自己相适应的规范，能够在潜移默化中改进自己的行为方式，提升自身修养和道德素质。

通过对“您了解的先秦儒家教育方式有”(见图3-4-1)这一问题的分析汇总发现，响应总次数为2589次。大学生对先秦儒家的教育方式虽然不能全部准确把握，但是对某些教育方式还是有一定的了解，主要包括因材施教、己所不欲勿施于人、潜移默化等。“因材施教”的响应人数为733人，响应率为28.31%，普及率为92.67%；“己所不欲，勿施于人”的响应人数为554人，响应率为21.40%，普及率为70.04%；“潜移默化”的响应人数为365人，响应率为14.11%，普及率为46.14%；“说服教育”的响应人数为312人，响应率为12.05%，普及率为39.44%；“自我教育”的响应人数为233人，响应率为8.90%，普及率为29.46%；“时间锻炼”的响应人数为265人，响应率为10.24%，普及率为33.50%；“其他”的响应人数为127人，响应率为4.91%，普及率为16.06%。由此可以看出，大学生对先秦儒家的经典教育方式关注度较高，而对于其他教育方式有所关注但是相较于主要教育方式程度较低。

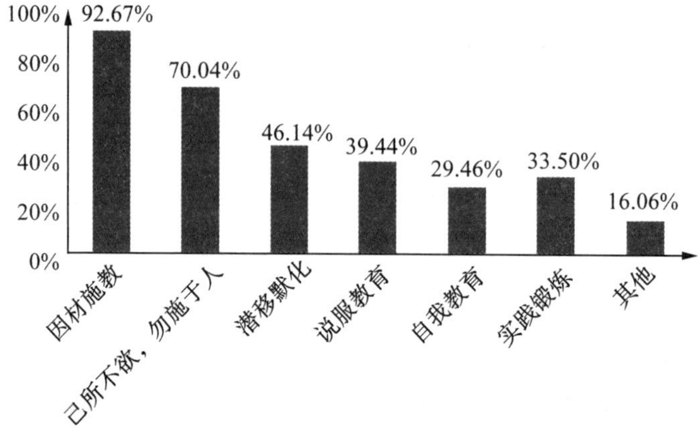

图 3-4-1 第 10 题“您了解的先秦儒家教育方式有(多选)”回答情况

在对“在日常生活中,您所见到的关于节约思想的宣传途径有”(见表 3-4-2)这一问题的分析中得出,在日常生活中,节约思想的宣传主要通过张贴宣传海报、制作宣传标语、录制宣传视频和动画等形式进行。这些宣传以生活化的语言和方式进行,使勤俭节约的理念深入人心,体现在人们生活的方方面面。针对这一问题,响应总次数为 2090 次。“张贴宣传海报”的响应人数为 573 人,响应率为 27.42%,普及率为 72.82%;“制作宣传标语”的响应人数为 562 人,响应率为 26.88%。普及率为 71.05%;“录制宣传视频”的响应人数为 418 人,响应率为 20%,普及率为 52.84%;“利用动画故事宣传”的响应人数为 326 人,响应率为 15.60%,普及率为 41.21%;“其他”的响应人数为 211 人,响应率为 10.10%,普及率为 26.68%。由此可以看出,目前对节约思想的宣传大多采取生活化的方式进行。虽然这与先秦儒家生活化的教化方式有很大差别,但是这种宣传教育方式经过不断发展完善后为大学生节约意识培育提供了较好的思路。

表 3-4-2 第 17 题“在日常生活中,您所见到的关于节约思想的宣传途径有(多选)”回答情况

	响应		个案百分比(%)
	频率	响应率(%)	
张贴宣传海报	573	27.42	72.82
制作宣传标语	562	26.88	71.05

续表

	响应		个案百分比(%)
	频率	响应率(%)	
录制宣传视频	418	20.00	52.84
利用动画故事宣传	326	15.60	41.21
其他	211	10.10	26.68

总而言之,先秦儒家生活化的教育方式,在当时社会为人们提供了行为规范和道德准则,规范着人们的言行举止,通过“润物细无声”的方式对人们的生产生活产生潜移默化的影响,将道德规范内化为个人品质。当今社会对节约意识的宣传也可以借鉴这种方式,通过广泛宣传,将勤俭节约的思想浸入到人们内心,使得人们从内心深处认同节约思想,并在日常生活中主动践行勤俭节约的美德,从而提升个人素质。先秦儒家生活化的教育方式对从先秦儒家文化视角进行大学生节约意识培育具有珍贵的借鉴意义。

(二)大学生具有先秦儒家文化储备

我国的教育体系中,有关优秀传统文化的教育从小学贯穿到大学,无论在哪个学习阶段,都能够接受优秀传统文化的熏陶,加强了解和认识。先秦儒家文化作为中华优秀传统文化的一部分,自然也在这一过程中被大学生们所了解和熟悉,这为从先秦儒家文化视角研究大学生节约意识,为大学生节约意识培育提供可行性建议奠定了基础。

通过调查研究发现,大学生对先秦儒家文化有一定的储备,这无疑对加强大学生节约意识培育有积极意义。在“您了解过先秦儒家文化吗”(见图3-4-2)这一问题的回答中,有746人选择“了解过”,占总人数的有效百分比为94.31%;仅有45人表示“没有了解”,占总人数的有效百分比为5.69%。这反映出几乎所有大学生都对先秦儒家文化有过了解。大学生在长时间的学习中,都或多或少接触过先秦儒家文化,这对从先秦儒家文化中汲取有益方式用于大学生节约意识培育奠定了基础。

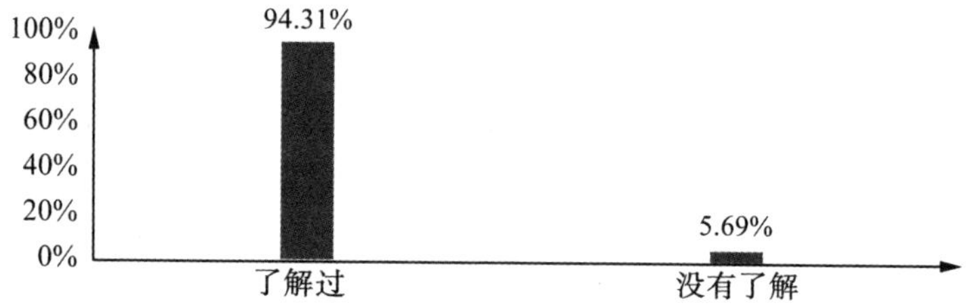

图 3-4-2　第 5 题“您了解过先秦儒家文化吗”回答情况

通过对“您所了解到的先秦儒家的代表人物有哪些”(见图 3-4-3)这一问题的分析汇总发现,总响应次数为 1618 次,大学生普遍对先秦儒家的代表人物有一定了解,知道先秦儒家文化的代表人物有孔子、孟子、荀子等。“孔子”的响应人数为 702 人,响应率为 43.38%,普及率为88.75%;“孟子”的响应人数为 542 人,响应率为 33.50%,普及率为 68.52%;“荀子”的响应人数为 276 人,响应率为 17.06%,普及率为 34.89%;“其他”的响应人数为 98 人,响应率为 6.06%,普及率为 12.39%。“孔子”“孟子”“荀子”三个选项的响应率接近 94%,由此可见,绝大多数大学生了解并能够准确选择先秦儒家的主要代表人物。

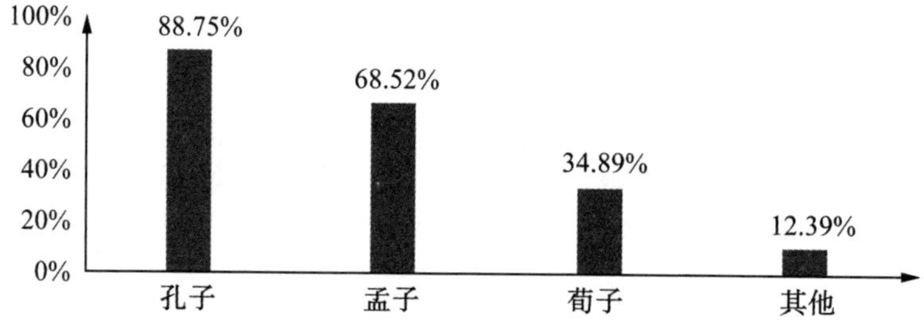

图 3-4-3　第 8 题“您所了解到的先秦儒家的代表人物有哪些(多选)”回答情况

此外,在对“您所了解的先秦儒家精神有”(见表 3-4-3)这一调查问题的分析中发现,大学生普遍对先秦儒家中的某几种精神有一定了解。具体而言,“仁”的响应人数为 756 人,响应率为 24.48%,普及率为 95.58%;“义”的响应人数为 732 人,响应率为 23.71%,普及率为 92.54%;“礼”的响应人数为 563 人,响应率为 18.23%,普及率为 71.18%;“智”的响应人数为 349 人,响应率为 11.30%,普及率为 44.12%;“信”的响应人数为 521 人,响应率为

16.87%，普及率为65.87%；“其他”的响应人数为167人，响应率为5.41%，普及率为21.11%。由此可以看出，大学生对先秦儒家文化中所蕴含的主要精神有一定认识和了解，也反映出大学生对先秦儒家文化虽然关注不多，但是对其核心思想有所了解。

表3-4-3　第9题“您所了解的先秦儒家精神有(多选)”回答情况

	响应		个案百分比(%)
	频率	响应率(%)	
仁	756	24.48	95.58
义	732	23.71	92.54
礼	563	18.23	71.18
智	349	11.30	44.12
信	521	16.87	65.87
其他	167	5.41	21.11

在“您知道‘在陋巷，一箪食，一瓢饮，人不堪其忧，回也不改其乐’出自哪里，了解这句话的内涵吗”(见表3-4-4)这一问题的回答中，“出自《论语·雍也》，强调节俭，是对不浪费的赞誉”这一选项的选择人数为276人，占比34.89%；“知道是孔子所说，提倡节俭”这一选项的选择人数为324人，占比40.96%；“知道是孔子所说，不清楚具体内涵”这一选项的选择人数为154人，占比19.47%；“不知道出处，不清楚具体内涵”这一选项的选择人数为37人，占比4.68%。通过分析发现，知道这句话是孔子所说的人数为754人，占比95.32%；知道这句话具体内涵的人数为600人，占比75.85%。由此可见，虽然有部分大学生不了解这句话的具体内涵，但是超过95%的大学生了解这句话是孔子所说，这说明大学生虽然对某些名言尚不明确知道其含义，但是对其作者有一定了解，这也在一定程度上为从先秦儒家文化视角提出大学生节约意识培育的路径奠定了基础。

表 3-4-4　第 13 题“您知道‘在陋巷，一箪食，一瓢饮，人不堪其忧，回也不改其乐’出自哪里，了解这句话的内涵吗”回答情况

	频率	百分比(%)	有效百分比(%)	累计百分比(%)
出自《论语·雍也》，强调节俭，是对不浪费的赞誉	276	34.89	34.89	34.89
知道是孔子所说，提倡节俭	324	40.96	40.96	75.85
知道是孔子所说，不清楚具体内涵	154	19.47	19.47	95.32
不知道出处，不清楚具体内涵	37	4.68	4.68	100.00
合计	791	100.00	100.00	

通过汇总分析以上调查研究数据，可以看出，虽然先秦儒家文化产生的时间距离当今社会较远，但是其深刻的内涵和哲理仍然被广泛学习和宣传。大学生对先秦儒家文化的了解和学习优于一般社会成员，从侧面反映出大学生是积极上进、不断提升自己的群体。大学生对先秦儒家文化的储备和了解，为大学生全面了解先秦儒家文化，并在此基础上推进其节约意识培育奠定了理论基础。

(三)大学生对先秦儒家文化有正确的认识和积极的学习态度

大学生对先秦儒家文化有正确的认识和积极的学习态度是先秦儒家文化能够融入大学生节约意识培育，帮助大学生提升节约意识的重要前提。倘若大学生对先秦儒家文化没有正确的认知，那将先秦儒家文化融入大学生节约意识培育显然是不可能实现的。

通过对“您如何看待先秦儒家文化”(见图 3-4-4)这一问题的分析汇总发现，选择“陈旧过时”“糟粕”和“对中国的发展起到阻碍作用”的共有 45 人，占比 5.69%；选择“是中国文化的宝贵财富”的共有 746 人，占比高达 94.31%。这说明只有极少数的大学生对先秦儒家文化没有明确的认知，有将近 95%的大学生对先秦儒家文化持积极的支持态度，认为其是中国文化的宝贵财富，能够对个人、国家和社会的发展起到积极的推动作用。

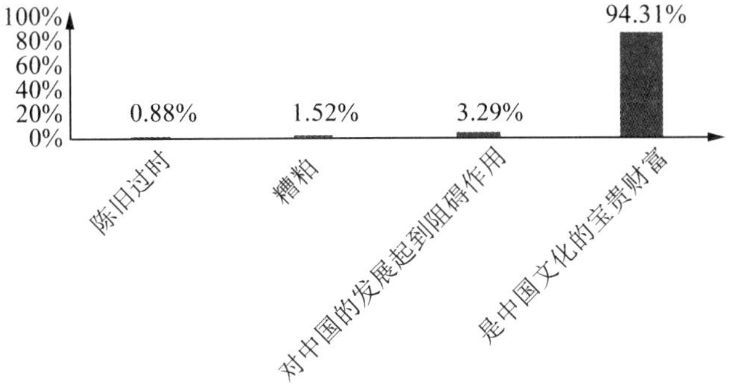

图 3-4-4　第 7 题“您如何看待先秦儒家文化”回答情况

在对“您学习先秦儒家文化的目的是”(见表 3-4-5)问题的分析汇总中发现，基本上所有同学学习先秦儒家的相关知识都是为了能够让自身实现更好的发展。具体来说，“增长见识”的响应人数为 632 人，响应率为 37.46%，普及率为 79.9%；“提高道德修养”的响应人数为 476 人，响应率为 28.22%，普及率为 55.12%；“指导自己行为”的响应人数为 269 人，响应率为15.95%，普及率为 34.01%；“娱乐”的响应人数为 73 人，响应率为 4.32%，普及率为 9.23%；“提高就业竞争力”的响应人数为 102 人，响应率为 6.05%，普及率为 12.9%；“其他”的响应人数为 135 人，响应率为 8%，普及率为 17.07%。这说明同学们普遍认为学习先秦儒家文化具有积极的意义，帮助自己提升道德修养，将自己打造成优秀的社会主义建设者和接班人。

表 3-4-5　第 11 题“您学习先秦儒家文化的目的是(多选)”回答情况

	响应		个案百分比(%)
	频率	响应率(%)	
增长见识	632	37.46	79.90
提高道德修养	476	28.22	55.12
指导自己行为	269	15.95	34.01
娱乐	73	4.32	9.23
提高就业竞争力	102	6.05	12.90
其他	135	8.00	17.07

通过对“您认为先秦儒家文化对当今社会发展发挥作用如何”(见图 3-4-5)这一问题相关调查结果的分析发现，573 人选择“发挥重要作用”，占

总人数的有效百分比为72.44%;189人选择“作用一般”,占总人数的有效百分比为23.89%;29人选择“作用很小”和“没有作用”,二者共占比3.66%。这说明有接近97%的被调查者认为先秦儒家文化能够对当今社会的发展起到积极作用,其积极影响要超过其消极影响。由此可见,大学生对先秦儒家文化有着正确的认知,能够认识到学习先秦儒家文化的重要性,也能够积极投身于先秦儒家文化的学习中。

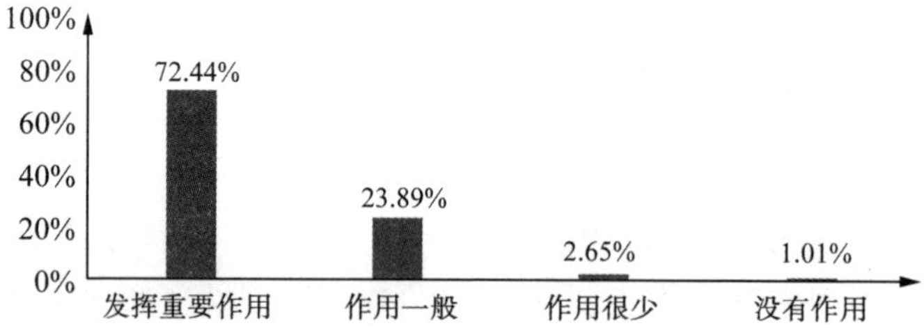

图3-4-5　第12题“您认为先秦儒家文化对当今社会发展发挥作用如何”回答情况

综上所述,大学生不仅对先秦儒家文化有着正确的认知,并在日常生活中能够进行积极的实践。这说明大学生能够认识到先秦儒家文化的魅力所在,为将其融入大学生节约意识培育奠定了良好的基础。先秦儒家文化中的节约思想和教化方式等为大学生节约意识培育提供了借鉴,大学生也能够从先秦儒家文化中学习到有关节约的知识,帮助大学生更好地了解培养节约意识的重要性和意义所在。

三、大学生节约意识培育存在的问题

通过调查研究发现,先秦儒家文化影响深远,能为大学生节约意识培育提供精神指引和教育方式。大学生对先秦儒家文化也有一定的了解,这说明了从先秦儒家文化视角进行大学生节约意识培育的可行性。同时,先秦儒家俭德思想教育的目标与大学生节约意识培育目标有共通之处,也能够为大学生节约意识培育提供借鉴。但是,在从先秦儒家文化视角探讨大学生节约意识培育的调查中发现,高校对先秦儒家教育方式的学习和借鉴不深入、不具体,甚至没有真正运用到大学生节约意识培育过程中。具体而言,主要包括以下四个方面的问题。

(一)大学生节约意识培育对个体差异的关注度普遍较低

孔子提出“有教无类”的重要命题,指出教学要面向全体学生,不论出身如何,都可接受教育,以此培养人才。在施教过程中,孔子又提出了“因材施教”的教育方法,这一方式要求针对不同类型、不同性格、不同秉性的学生有针对性地进行教学,以求获最好的教育成果。在大学生节约意识培育过程中可以借鉴这种方式,更好地帮助不同类型的学生用更合适的方式养成良好的习惯,培育正确的价值观念。

在目前大学生节约意识培育过程中,尚未针对不同学生类型施行不同形式的节约意识培育方案,甚至对中学生和大学生采用同样的方式进行教育,这就使得大学生节约意识培育缺乏新意和个性化。通过对调查研究结果的分析和汇总,在“您所了解的对节约的宣传方式是”(见图 3-4-6)这一问题的回答中,有 37 人选择“对特定群体采取特定的宣传方式”,占比 4.68%;有 145 人选择“宣传时分那年龄段进行”,占比 18.33%;有 593 人选择“不分年龄、性别、群体一起宣传”,占比 74.97%;有 12 人选择“其他”这一选项,占比 2.02%。由此可以看出,虽然现在我们在提倡节约,也通过一定的方式进行宣传,但是在宣传的过程中尚未针对特定人群采用特定的宣传方式。这使得宣传的效果大打折扣,既造成资源的浪费,又没有达到宣传目的。

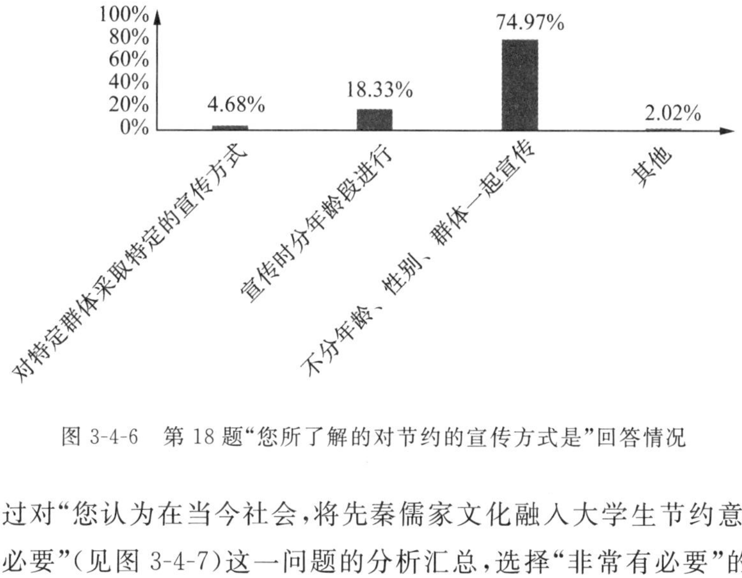

图 3-4-6　第 18 题“您所了解的对节约的宣传方式是”回答情况

通过对“您认为在当今社会,将先秦儒家文化融入大学生节约意识培育是否有必要”(见图 3-4-7)这一问题的分析汇总,选择“非常有必要”的有 135

人，占比17.07%；选择"有必要"的有100人，占比12.64%；选择"一般"的有312人，占比39.44%；选择"没有必要"的有232人，占比29.33%；选择"不知道"的有12人，占比1.52%。选择"一般""没有必要"和"不知道"的人数要超过选择"非常有必要"和"有必要"的人数。通过个别采访发现，大学生认为将先秦儒家文化融入节约意识培育，不仅要针对大学生，而是要针对包括小学生、初中生等在内的所有社会成员，仅仅将先秦儒家文化融入大学生节约意识培育过程是远远不够的。而且在这一过程中也没有体现不同类型大学生在进行节约意识培育过程中的差异。

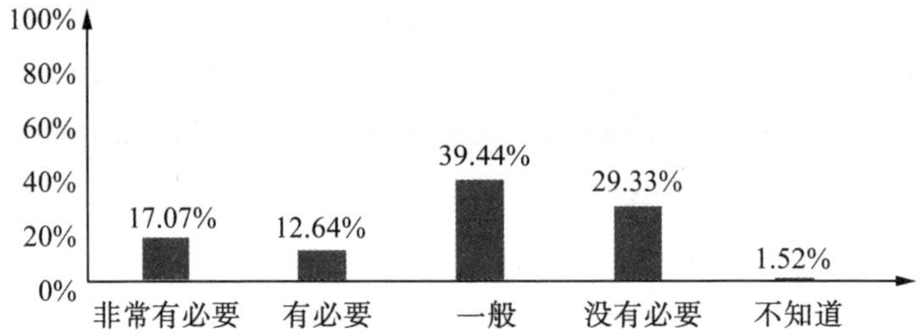

图3-4-7　第24题"您认为在当今社会，将先秦儒家文化融入大学生节约意识培育是否有必要"回答情况

综上所述，在进行大学生节约意识培育过程中，普遍忽视了大学生的个性，只是针对这一群体的共性进行宣传教育。显然，这种宣传教育方式不仅不利于大学生节约意识的培育，也不利于将先秦儒家文化融入大学生节约意识培育中，甚至可能会起到相反效果。因此，在推进大学生节约意识培育过程中，要深刻认识大学生与其他社会成员之间的差异性以及大学生群体之间在性格、成长环境以及生活习惯等方面的差异性。只有正确认识到这些差异性，才能"对症下药"，真正让先秦儒家文化及其教育方式融入大学生节约意识培育过程，为大学生节约意识培育提供更好的培育路径和方式，帮助大学生群体更好地完善自己、成就自己。

（二）大学生节约意识培育过程中先锋模范带头作用发挥不明显

发挥先锋模范带头示范作用，是我国道德培育较为突出的特点。先秦时期借用德行良好的"君子"为榜样，以求实现道德教化的目标。在当今社会进行大学生节约意识培育也是如此，应积极树立榜样，发挥党员干部、老师以及学生干部的带头作用，对大学生进行正确的引导。然而在调查研究中发现，这种先锋模范带头作用效果并不明显，与设想有较大差距。

在对“您所在的高校中，教师会以实际行动践行节约思想吗”（见图3-4-8）这一问题的分析汇总中发现，有129人选择“会”，占比16.31%；有403人选择“偶尔会”，占比50.59%；有128人选择“不会”，占比16.18%；有131人选择“没有关注”，占比16.56%。这说明高校中的部分老师虽然在向同学们传达节约思想，但是并没有将勤俭节约的理念落实到自己的实际行动中，没有给同学们树立榜样。这种做法会导致同学们将理论学习与生活实践相分离，出现言行不一的现象。

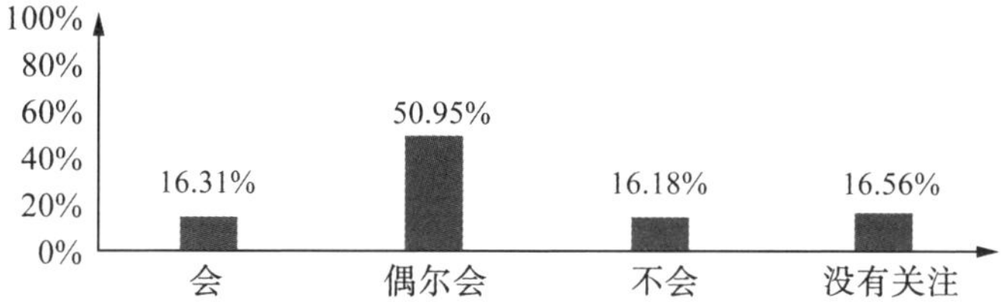

图3-4-8　第21题“您所在的高校中，教师会以实际行动践行节约思想吗”回答情况

通过对“您所在的高校中，中共党员（含预备党员）或学生干部会自觉发挥模范带头作用吗”问题（见图3-4-9）的分析汇总，选择“会”的有213人，占比26.93%；选择“与其他同学无差别”的有452人，占比57.14%；选择“不会”的有98人，占比12.39%；选择“没有关注”的有28人，占比3.54%。身为中共党员或学生干部本应该发挥先锋模范带头作用，但调查显示有一半以上的同学表示学生干部和中共党员在日常生活中的行为与其他同学并无差别。这反映出学生干部和中共党员群体没有发挥示范作用，没有成为同学们的榜样。

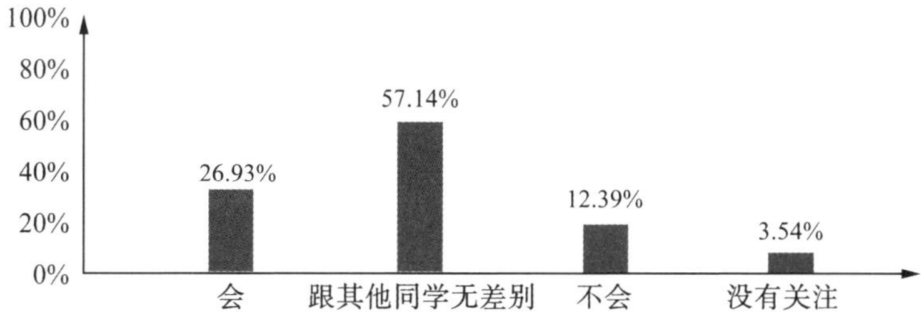

图3-4-9　第22题“您所在的高校中，中共党员（含预备党员）或学生干部会自觉发挥模范带头作用吗”回答情况

在对“您家长对您的教育与其行为是否一致”问题（见图3-4-10）的分析

汇总中发现，选择“一致”的仅有 86 人，占总人数的有效百分比为 10.87%；选择“基本一致”的有 192 人，占总人数的有效百分比为 24.27%；有 513 人选择“不一致”或“不了解”，占总人数的有效百分比高达 64.86%。通过这一分析可以发现，超过一半的家长在日常生活中并不注重通过自身的实际行动影响子女的行为，没有意识到自己的行为会对子女节约意识的培育产生潜移默化的影响。只有少数家长能够认识到自己日常言行的重要性，能够起到模范带头作用，通过自己的行为来激励子女养成良好的节约习惯，从而帮助他们加强节约意识。

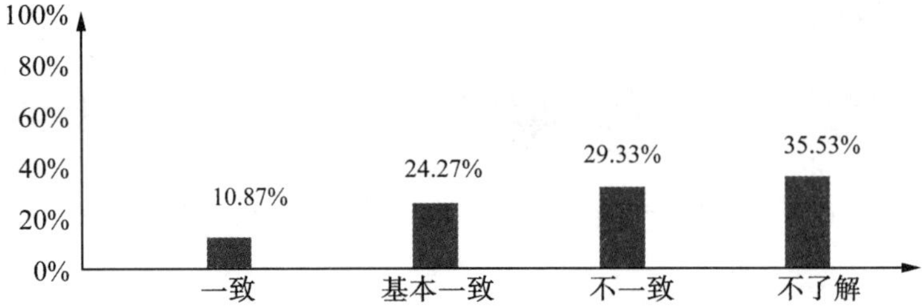

图 3-4-10　第 32 题“您家长对您的教育与其行为是否一致”回答情况

综上所述，在当下进行大学生节约意识培育的过程中，高校尚未将可利用的资源开发到位。虽然能够意识到榜样示范作用的重要性，但是大部分高校尚未将先锋模范带头作用在实践过程中落实到位。部分家长也并没有认识到自身行为对子女的成长会产生重要影响。这导致在大学生节约意识培育过程中，各个领域的模范带头作用都没有达到最好的效果。

（三）节约意识培育氛围不浓厚

良好的节约氛围对大学生节约意识培育具有重要的影响。先秦儒家的“居移气，养移体，大哉居乎”（《孟子·尽心上》）强调了外部环境对人的道德和品质形成的重要意义。先秦儒家高度重视外部环境的重要作用，力争通过积极的实践活动实现正己及人的道德修养目标。大学生节约意识的培育也离不开积极向上的良好氛围的影响，良好的氛围不仅可以帮助大学生更快地发现自己的不足，而且能够为自己树立目标，朝着正确的方向前进。

营造良好的氛围是进行大学生节约意识培育的重要一环，然而调查研究发现当前节约的氛围却不尽如人意。在对“您所在的高校有专门的节约意识教育课程吗”(见图 3-4-11)一题的汇总中发现,有 172 人选择“有”,占比 21.74%;有 265 人选择“没有”,占比 33.51%;有 354 人选择“不知道”,占比 44.75%。选择“没有”和“不知道”的人数达到了 519 人,占比接近 80%。在对“您所在的高校是否会举办有关节约的宣传教育活动”一题(见图 3-4-12)的分析汇总中发现,仅有 57 人选择“经常”这一选项,占比 7.2%;有 212 人选择“一般”这一选项,占比 26.8%;有 429 人选择“偶尔”这一选项,占比 54.24%,有 93 人选择“从不”这一选项,占比 11.76%。在对“教师会在课堂讲授中进行节约意识教育吗”一题(见图 3-4-13)的分析汇总中发现,有 191 人选择“会,大多数教师会进行节约意识教育”这一选项,占比 24.15%;有 503 人选择“很少,偶尔会有教师进行节约意识教育”这一选项,占比 63.60%;有 93 人选择“不会,只会进行相关专业知识的讲授”这一选项,占总人数的有效百分比为 12.25%。

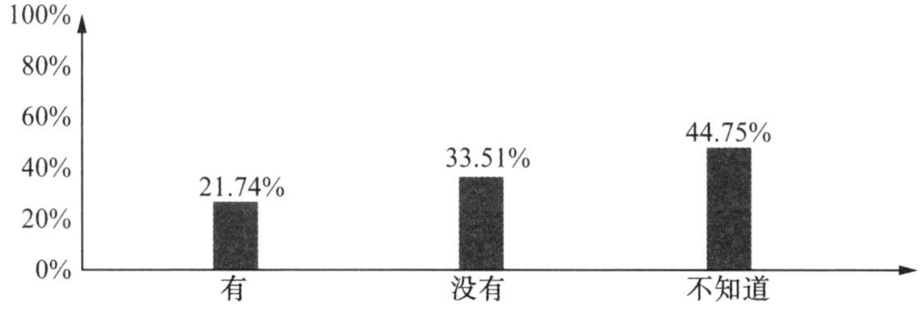

图 3-4-11　第 25 题“您所在的高校有专门的节约意识教育课程吗”回答情况

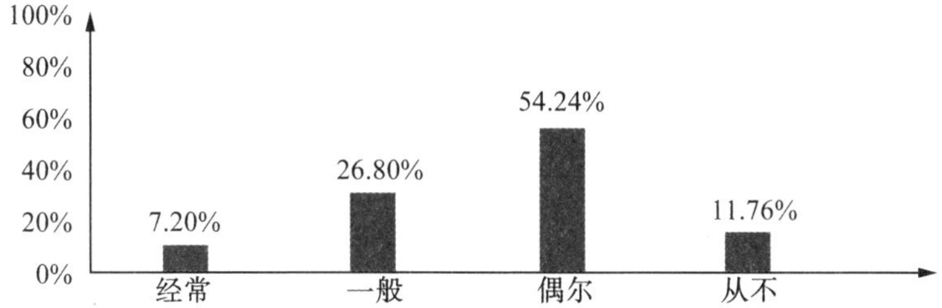

图 3-4-12　第 15 题“您所在的高校是否会举办有关节约的宣传教育活动”回答情况

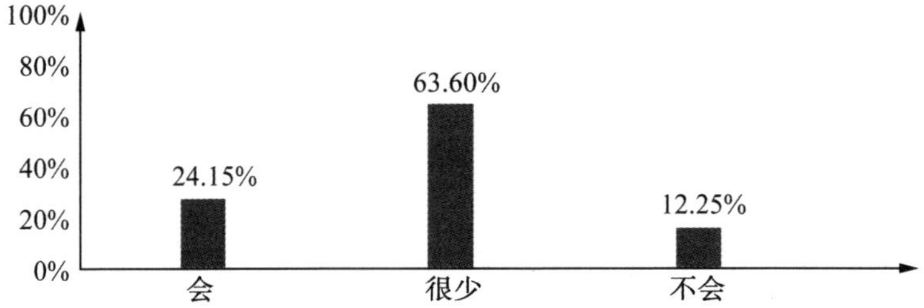

图 3-4-13　第 26 题“教师会在课堂讲授中进行节约意识教育吗”回答情况

综合以上三个问题可以看出，首先，大部分高校都没有开设针对大学生节约意识培育的课程，或者即使开设了相关课程，也只是放到选修课程中。相当一部分同学并不知道所在的高校开设了相关课程，也更不会选择与之相关的课程进行学习。其次，高校尚未大规模地或经常性地开展大学生节约意识培育的相关活动。超过一半的接受调查的同学表示，学校只是偶尔进行宣传。很明显，偶尔的宣传并不会对大学生节约意识的培育形成长久的影响，不利于良好行为习惯的养成。最后，通过调查发现，大多数高校教师只是专注于对大学生进行专业知识的传授，忽略了对道德素养的培养。这种教育方式导致大学生仅仅关注专业知识的学习，忽略了自身正确价值观的形成和良好修养的提升。

通过对“您的家长会不会在日常生活中培养您的节约习惯”（见图 3-4-14）这一问题的汇总，选择“经常”的人数为 413 人，占比 52.21％；选择“一般”的人数为 125 人，占比 15.81％；选择“偶尔”的人数为 234 人，占比 29.58％；选择“从不”的人数为 19 人，占比 2.40％。在对“在日常生活中，家庭成员之间是否会举行节约相关的小活动”一题（见图 3-4-15）的汇总分析中，17 人选择“经常”，占比 2.15％；131 人选择“一般”，占比 16.56％；329 人选择“偶尔”，占比 41.59％；314 人选择“从不”，占比 39.70％。通过对这两个问题的分析汇总，不难发现，在日常生活中虽然家长会告诉子女不能浪费粮食、要节约资源、要适度消费等，但是在实践中只有小部分家长会真正落实在行动中。良好氛围的营造不能只停留在口头上，更应该落实到实际生活中。

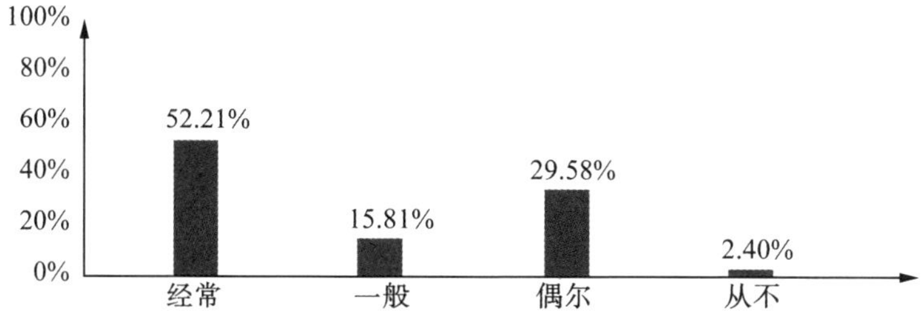

图 3-4-14　第 31 题“您的家长会不会在日常生活中培养您的节约习惯”回答情况

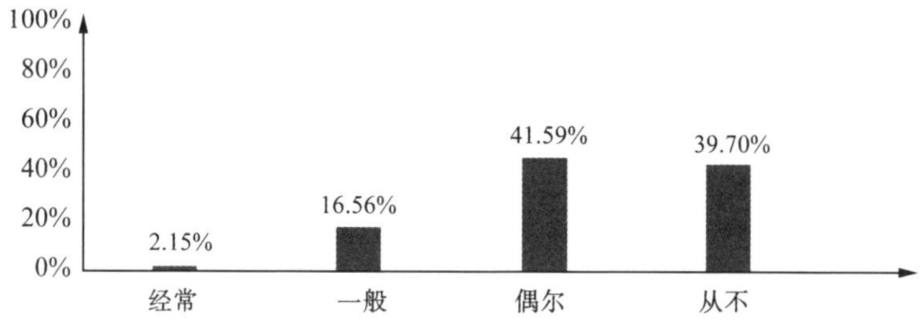

图 3-4-15　第 33 题“在日常生活中,家庭成员之间是否会举行节约相关的小活动”回答情况

通过对调查问卷所获取的信息进行汇总分析,可以发现在对大学生节约意识进行培育的过程中,不仅社会和学校崇尚节约的氛围有待于进一步加强,家庭中勤俭节约的氛围也应该进一步加强。只有将各种资源整合,发挥其最大优势,才能营造出有利于大学生节约意识培育的良好氛围,为大学生节约意识培育添砖加瓦。

(四)大学生自我教育缺乏积极性和主动性

大学生节约意识培育固然受到外因影响,但是内因才是大学生节约意识培育的关键原因。大学生节约意识培育的成果如何,最终还是取决于其自身能否加强学习的积极性和主动性,能否改正自己错误的消费习惯和浪费行为。自我教育是先秦儒家教育中极为重要的方法,良好行为习惯的养成不仅需要自身努力进取,还需要不断对自己进行反思,在反思中意识到自己的问题,才能再进一步学习和完善。

通过对“您所在的高校举办的有关节约意识教育的活动或讲座,您的态度是”(见图 3-4-16)这一问题的汇总,“积极参加并认真学习”的人数是

26人，占比3.29%；“参加，听取感兴趣的部分”的人数是112人，占比14.16%；“有空闲时间时参加，对主题不感兴趣”的人数是305人，占比38.56%；“偶尔参加，流于形式”的人数是275人，占比34.76%；“不参加，没有必要”的人数是73人，占比9.23%。这说明，虽然高校会举办一些大学生节约意识培育相关的活动，但是效果并不明显。这主要在于大学生自身对进行节约意识培育缺乏积极性和主动性，只是主观上认为应当加强节约意识培育，养成勤俭节约的好习惯，但是并没有真正落实到行动中。

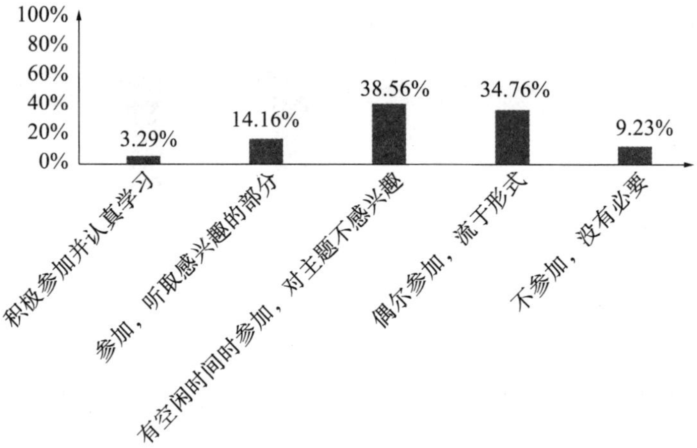

图3-4-16　第19题“您所在的高校举办的有关节约意识教育的活动或讲座，您的态度是”回答情况

在“您认为当前高校加强大学生节约意识培育是否有必要”（见图3-4-17）这一问题的回答中，仅有83人选择“非常有必要”，占比10.49%；212人选择“有必要”，占比26.81%；295人选择“一般”，占比37.29%；132人选择“没有必要”，占比16.69%；还有69人选择“不知道”，占比8.72%。这说明有超过一半的大学生对加强节约意识并没有明确的态度，认为加强大学生节约意识培育是可有可无的。甚至有超过20%的大学生认为，加强节约意识培育没有必要或者并不知道是否应当加强节约意识培育。这从侧面反映出大学生对我们当前所处的社会缺乏了解，将自己的行为与社会发展割裂开来，在进行节约意识培育过程中缺乏正确的认识，缺乏积极性和主动性。

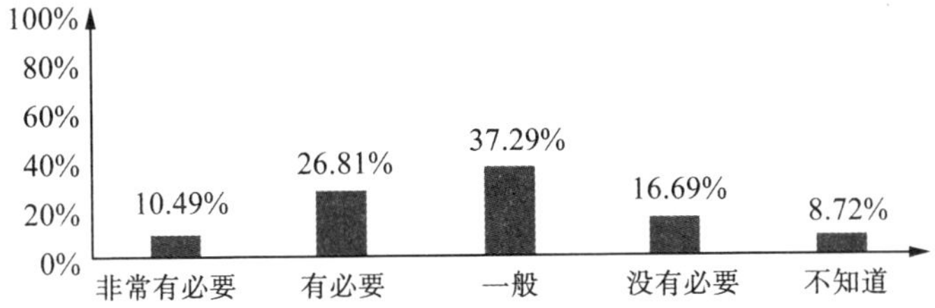

图 3-4-17 第 23 题“您认为当前高校加强大学生节约意识培育是否有必要”回答情况

在对“您会为大学生节约意识培育贡献自己的力量吗”(见图 3-4-18)这一问题的进行分析汇总中发现,选择“是每个社会成员的义务”的有 246 人,占比 31.09%;选择“根据具体情况而定”的有 403 人,占比 50.95%;选择“管好自己就行”的有 105 人,占比 13.28%;选择“不会,原来怎样现在就怎样”的有 37 人,占比 4.68%。还有部分大学生没有意识到自己在大学生节约意识培育中的重要性,没有意识到自己是大学生节约意识培育的主体。这也从侧面反映出大学生在节约意识培育过程中缺乏积极性和主动性。

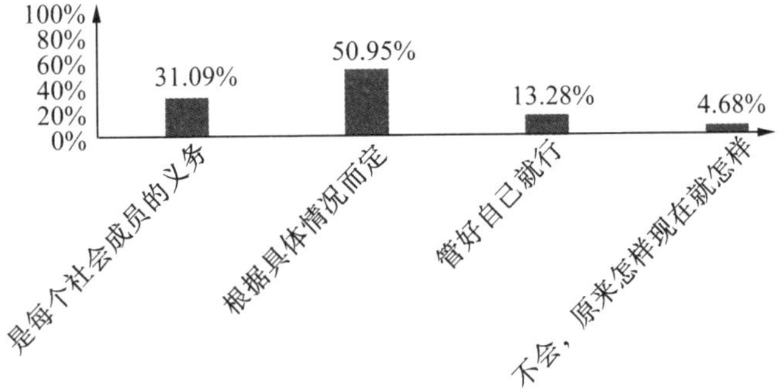

图 3-4-18 第 20 题“您会为大学生节约意识培育贡献自己的力量吗”回答情况

通过上述调查研究发现,大学生群体对节约意识培育普遍具有积极的态度,认为大学生应该加强节约意识培育,但是在落实方面存在问题。首先,大学生能认识到自己的不足,但是自律不够,容易从众,跟随其他人的步伐。其次,大学生认为自己不勤俭节约无所谓,其他同学都能够坚持勤俭节约,自己的影响是微小的。再次,大学生在进行节约意识培育过程中,对自己没有制定严格的标准,时常出现“三天打鱼,两天晒网”的情况。最后,部分大学生没有将节约意识培育当作自己的责任和义务,而是以一种“事不关己，高高挂起”的心态将自己置身大学生节约意识培育之外。

综上所述，进行大学生节约意识培育，帮助大学生树立正确的理念，还有很长的路要走，需要社会、学校、家庭和大学生自身的共同努力。只有综合各方力量，坚持外部影响与自身反省相结合，才能真正将大学生节约意识培育落到实处，才能真正助力大学生成长成才。

四、大学生节约意识培育存在问题的原因

影响大学生节约意识培育的原因是多方面的，具体而言主要包括以下五个方面。

（一）大学生的个性化发展影响节约意识培育效果

现在高校的大学生相较于之前的大学生而言，更加特立独行，注重追求个性化，有新的想法和新的观念。然而当前的大学生节约意识培育仍然贯彻集中教育、集体学习的方式，这就导致了当前的节约意识培育方式与大学生追求个性化的心理相背离，偏离了大学生的追求，影响教育效果。

（二）高校对大学生节约意识教育存在不足

高校的教育不仅要加强对大学生专业知识的教授，更重要的是要帮助大学生确立正确的价值观念，提升大学生的基本素质和能力。然而目前高校中大学生节约意识培育的方式方法与大学生节约意识培育的实际需要之间还存在不适应现象，教育的形式也不够灵活。大多数学校仅限于通过课堂讲授或举办相关讲座等形式进行大学生节约意识培育，还存在形式主义等问题，难以真正走进大学生的内心。大学生节约意识更多的是停留在理论和认知方面，很少真正落实到自己的实际行动中，并且尚未形成属于自身的真正的节约意识。

（三）网络媒体对大学生节约意识的影响

随着科技的进步和多媒体的不断发展，大学生对网络媒体依赖逐渐加深，也更加容易受到网络的影响。不少大学生会将在网络上看到的观点不加辨别地接纳，容易在网络世界中丧失了自己原本的节约观念。网络直播

带货、引导消费等现象对大学生的影响是十分明显的。超前消费、盲目从众等观念也对大学生的产生了负面的影响。不仅如此，网络信息良莠不齐，一些负面信息同样对大学生节约意识的形成和完善造成了不同程度的影响。

(四)社会不断发展的影响

随着时代的进步和发展，人们逐渐追求实用主义，这种追求实用主义之风对大学生也产生了不同程度的影响。

我国社会结构的不断变化，比如家庭结构、就业结构等，导致新时代成长起来的大学生节约观念呈现出表面化的特点。大学生长期生活在校园中，社会经验相对较少、阅历不足，在面对问题时难免会产生困惑，影响他们的价值判断，从而也会影响大学生对节约意识培育重要性的认识。

(五)对先秦儒家文化缺乏深入了解

先秦儒家文化为中华优秀传统文化的传承和发展做出了重大贡献，也为中国古代社会的稳定和发展奠定了重要的基础。但先秦儒家文化也带有一定的局限性。

当今的社会是多元文化相互碰撞的社会，大学生处在多元文化相互交流、相互学习的社会中，无形之中也影响了以先秦儒家文化为代表的中华优秀传统文化的传播和发展，这也是大学生对先秦儒家文化没有深入了解的原因。

同时，当前对先秦儒家文化的教育体系不完善，先秦儒家文化的教育并没有贯穿于小学、中学、大学全过程。学校片面追求传授知识技能，缺乏对大学生价值观层面的教育，导致传统文化的传播链断裂。大学生接触先秦儒家文化的途径相对较少，大多数高校局限于老师讲授和开展相关实践活动的形式，而课堂讲授的任务也多由思政课老师承担，缺乏相关的专业课设置。这极大地影响了大学生对先秦儒家文化的学习，也导致大学生对先秦儒家文化的精华不能够准确全面地了解。

第五章　先秦儒家文化融入大学生节约意识培育的理论建构

一、先秦儒家文化与大学生节约意识的内在联系

大学生节约意识培育不是一蹴而就的，要经过长时间的不懈努力。先秦儒家文化中的节约思想和教化方式对大学生节约意识的培育有借鉴意义，能够为大学生节约意识培育奠定思想基础，提供价值目标。

(一)先秦儒家文化为大学生节约意识培育奠定思想基础

近年来，国家强调弘扬和传承中华优秀传统文化的重要性，先秦儒家文化作为宝贵的文化资源，更应加以弘扬，其蕴含的节约思想也能够为社会的发展进步产生积极影响。

孔子主张“宁俭毋奢”，即不追求奢侈消费，倡导简朴生活。他认为如果过度追求外在的物质生活而忽略了内在品质的培养，就是“奢”的体现。反之，如果重视内心世界而轻视物质世界的享受，就是“俭”的体现。孟子则在继承孔子节约思想的基础上，主张“得志不为奢”，即富贵以后不能骄奢淫逸、贪赃枉法、为非作歹，不要被外界所干扰，要节制，以淡然的人生态度面对一切。相较于孔子和孟子，荀子节俭思想的特殊之处在于他将“节约”与国家昌盛之间的关系进行了详细的阐释。他认为，国家要想实现长久发展，一方面要将日常生活之外的财富收集起来，留待以后；另一方面要制定符合实际的财富政策。勤俭节约、适度消费不仅可以让民众生活富足，还可以让统治者财富充裕，得到百姓的拥护。

大学生节约意识培育要借鉴前人的经验和方式，在继承的基础上进行创新，更好地利用好相关资源。先秦儒家文化经过几千年的发展仍生生不息，其中有关节约的思想也可以在新时代焕发出新的生机，为大学生节约意识培育所用。

（二）先秦儒家文化为大学生节约意识培育提供价值目标

大学生群体是极富活力和创造力的群体，他们热衷于探索新知识，也渴望新知识，对新事物充满好奇。但同样，大学生也极容易受到各种外部环境的影响，这些影响可能会冲击大学生的世界观、人生观和价值观。若不能受到及时、正确的引导，可能会迷失方向，找不到正确的人生目标。

先秦儒家倡导通过提高自身修养，成为道德高尚、具有完善人格的人。这与当今时代对大学生的要求有一定的相似之处。先秦儒家文化中所倡导的节约思想是塑造高尚的人格的重要一环。先秦儒家的节约思想为大学生节约意识培育提供了价值目标，可以帮助大学生选择正确的奋斗方向。同时，通过培养大学生的节约意识，为构建资源节约型、环境友好型社会贡献力量。

二、先秦儒家文化融入大学生节约意识培育的必要性和可能性

“内化于心，外化于行”是进行大学生节约意识培育的重要目标。大学生节约意识培育不仅要求大学生有节约的想法，更重要的是要将想法落实到行动上，通过实践将大学生节约意识的成果体现出来。

（一）先秦儒家文化融入大学生节约意识培育的必要性

先秦儒家文化有着悠久历史，直到现在仍然具有重要的德育价值，对人们产生重要的影响。与过去相比，先秦儒家文化不但没有失去影响力，反而成为当今社会发展重要的文化资源和宝贵财富。大学生作为新时代的接班人，更应将勤俭节约时刻放在心里，并落实到实际行动中，通过不懈努力提升自身道德修养。

勤俭节约是我们的优良传统，培育大学生节约意识还可以不断丰富中华优秀传统文化的内容。通过培育大学生节约意识，可以让大学生们更多

地了解先秦儒家文化，走进先秦儒家文化，让先秦儒家文化能够在新时代焕发出新的生机。弘扬先秦儒家文化与培育大学生节约意识是相互作用、相互影响的。将先秦儒家文化融入大学生节约意识培育不仅可以丰富大学生节约意识培育的内容，还能够激发大学生了解、学习先秦儒家文化的兴趣，在帮助大学生加强节约意识的同时实现先秦儒家文化自身的创新性发展。

（二）先秦儒家文化融入大学生节约意识培育的可能性

大学生节约意识培育的目标与先秦儒家文化所倡导的人的道德修养有一定的相似之处，都是为了让社会成员能够不断完善自己，这也让先秦儒家文化融入大学生节约意识培育成为可能。

首先，通过先秦儒家文化对大学生进行节约意识培育，不仅可以增强大学生的节约意识，还能够让大学生在学习先秦儒家文化的过程中，增强民族自豪感和民族自信心。其次，大学生本身对先秦儒家文化有一定的了解，将先秦儒家文化融入大学生节约意识培育更容易引起大学生的共鸣，帮助大学生树立正确的节约观念的同时也能够让他们更加了解先秦儒家节约思想，并在这一基础上挖掘其价值。最后，先秦儒家文化中包含着丰富的德育思想和教育观念，这对大学生节约意识培育也有一定的借鉴意义。总之，将先秦儒家文化融入大学生节约意识培育不仅能够帮助大学生树立正确的节约意识，还能够加强对包括先秦儒家文化在内的中华优秀传统文化的学习。只有不忘记本源才能够不断创新，开创未来。因此，将先秦儒家文化融入大学生节约意识培育是十分必要和可能的。

第六章　先秦儒家文化融入大学生节约意识培育的原则及路径

一、先秦儒家文化融入大学生节约意识培育的原则

将先秦儒家文化融入大学生节约意识培育要坚持必要的原则，主要包括以下四个方面。

（一）立足社会发展现实需要

"实事求是，一切从实际出发"是办好事情必须要遵循的重要原则，大学生节约意识培育也不例外。我国正处于并将长期处于社会主义初级阶段这一基本国情充分说明，虽然经过长时间的艰苦奋斗，我们的经济不断发展、科技不断进步、社会更加和谐、国家更加繁荣昌盛，但我们仍面临着资源相对短缺、环境亟须改善、人民生活水平需不断提高等一系列问题。这说明我们虽然处在新时代，生活水平不断提高，但是不能将勤俭节约的优良传统和观念抛之脑后，仍然要有崇尚节约、艰苦奋斗的精神。

通过前文中对调查问卷的分析和汇总发现，在目前高校中，大学生普遍存在着浪费行为，包括对粮食的浪费、对水电等资源的浪费甚至是对金钱的浪费，浪费数量之大、范围之广令人震惊。基于这一现状，我们提出对大学生进行节约意识培育，并将其摆在大学生价值观教育的重要位置。大学生作为受到高等教育的群体，对先秦儒家文化有一定的了解，从先秦儒家文化视角出发更容易引起大学生的关注，与大学生产生共鸣。更重要的是，先秦儒家文化中的教育方式与教育理念影响深远，对大学生节约意识培育具有

重要的借鉴意义。

基于以上基本国情和现实情况，提出在秦儒家文化视域下加强大学生节约意识培育，是符合实际的，也是有历史依据可循的。我们期待在立足于现实需要的基础上能够为大学生节约意识培育提供更有借鉴意义的措施，帮助大学生在学思践悟中形成正确的节约意识和价值观念。

（二）坚持知情意行相统一

人们对事物的认识总是从感性认识到理性认识，再由理性认识转化为实践。先秦儒家十分注重人们道德行为习惯的养成，更加强调实践的重要作用。先秦儒家各大家认为“知”是首要前提。孔子、孟子和荀子都坚持主张通过后天的学习来修养德行，建立了通过学习理论来了解相关道德规范的基础。

道德情感和道德认知是不可分割的，在正确认知的基础上才能进行道德情感的培养。孔子将情感融入其核心主张“仁”中，荀子也提出“性者，天之就也；情者，性之质也。”（《荀子·正名》）。先秦儒家十分注重情感的培养和交流，把情感作为人们的一种精神品质，强调了情感在教化中的重要作用和意义。

道德意志是道德认知和道德情感的重要支撑。孔子的“博学而笃志，切问而近思”（《论语·子张》），孟子的“持其志，无暴其气”（《孟子·公孙丑上》）以及荀子的“志意致修，德行致厚，智虑致明”（《荀子·荣辱》）都强调了坚定的意志在道德养成中的重要作用。

道德行为是道德认知、道德情感和道德意志的外在行为表现。道德行为是进行道德教化的核心和关键。先秦儒家将道德行为的培养和践行放在极其重要的位置。孔子提出“君子欲讷于言而敏于行”（《论语·里仁》），强调在实践中加强道德的修养。孟子提出“强恕而行，求仁莫近焉”（《孟子·尽心上》），他认为只有将“恕”推己及人才能够达到“仁”。荀子则提出：“行之，明也；明之，为圣人。”（《荀子·儒效》）他强调实践是学习的最终目的，强调实践对提高人们的思想觉悟和认识水平的重要意义。

总之，知情意行是先秦儒家进行个人修养的重要环节，这种方式对当今时代进行大学生节约意识培育具有重要的借鉴意义。大学生节约意识培育也应从知情意行四个方面做起，在学习理论知识的基础上，强化自己的道德情感,坚定自己的意志,并最终将其落实到自己的实际生活中,做到知行合一。

(三)注重内在修养和外在影响相结合

内外兼修是先秦儒家进行个人修养的重要原则之一。内外兼修不仅要求个人有内在的道德修养和内涵,还要求重视行为和言语,在重视礼仪符合外在要求的同时,也要注重内在修养的提升,最终实现“表里如一”的自身修养的整体性提升。

先秦儒家构建了“修身—齐家—治国—平天下”的道德修养层级,将更广大的社会利益作为最终目的置于个人道德修养培育之上。这种方式从根本上说并没有打破主体与客体之间的界限,而是将二者作为有机统一的整体,最大程度上调动道德主体的主动性。一方面,教育者会采用强制性或约束性的方式让受教育者遵守特定的道德规范和思想体系,以此来规范受教育者的行为。另一方面,受教育者自身也会积极发挥主观能动性,自觉接受来自外界的积极影响和客观要求,按照一定的标准和要求自觉地克制自己的行为。总体来说,先秦儒家将教育与自我教育紧密结合起来,使其发挥最大的作用。

除了教育者的影响,先秦儒家还将外部环境因素作为影响道德修养的重要因素。先秦儒家认为外部环境因素是影响个体道德形成的客观基础。在这一基础上,先秦儒家还详细阐释了自然环境、社会环境以及精神环境对主体教育的影响。总之,先秦儒家通过实践将内在修养与外在环境熏陶紧密结合起来,将最高目标——内在追求“仁”与其核心制度——外在规范“礼”有机结合,二者相互影响、相互借鉴,共同为实现道德修养的最终目标努力。

(四)倡导启发诱导和潜移默化并重

在施教过程中,启发和潜移默化的影响不可忽视。所谓启发就是指通过对受教育者进行引导和教育,使其能够领悟到某种精神或行为的重要意义,进而使其在日常生活中主动向这种精神或行为靠拢,最终达到教育目的。潜移默化的教育方式指的是通过多种途径将所倡导的价值观念、道德要求、政治追求等融入日常生活的方方面面,使人们在不知不觉中接受教育，最终达到提高道德修养和“化民成俗”的目标。启发和潜移默化的教育方式，利用人们在日常生活中所能接触到的各种形式，将教育的内容、目标等环节“隐身”于人们生活和学习中，体现出了其自身的影响力。这也是先秦儒家文化为什么能够长久发展、生生不息、影响深远的重要原因之一。

综上，满足现实需要、知情意行统一、内修外化并重以及启发诱导与潜移默化相结合的教育方式都是先秦儒家提高个人道德修养的重要方式。通过这些教育方式，先秦儒家使个体德行得到了完善和提升。在这个过程中，“礼”的规范深入人心。先秦儒家的教育方式，并没有随着时代的变化失去光泽，反而越发显示出其魅力和影响力，在当今社会焕发出了更加靓丽的色彩。

二、先秦儒家文化融入大学生节约意识培育的路径

从先秦儒家文化中汲取有益成分推动大学生节约意识的培育，不仅能够将先秦儒家中的节约思想与我们当今所倡导构建节约型社会的目标相结合，加以借鉴，还能够帮助大学生在深入了解先秦儒家文化的基础上，运用相关教育方式帮助自身提高道德修养，培养节约意识。本研究主要从外部环境和内在修养两个大方面，借鉴先秦儒家的教育方式，提出大学生节约意识培育的有效措施，帮助大学生树立符合时代要求的节约观念，提高大学生道德修养。

随着时代的发展和进步，人们的思想和行为越来越容易受到外部环境的影响。这种影响既有积极的也有消极的，我们要积极吸收有益于自身成长的成分，抵制对自身成长产生不利影响的成分。针对外部环境影响，具体方法为坚持因材施教、强化以身为教和注重环境熏陶等。

大学生节约意识培育是外在因素和内在因素相互作用的结果。除了社会、学校以及家庭等外部环境的影响外，大学生自身的内在教育更为重要。受教育者的主观能动性影响着教育者的教育活动和教育效果。“外在的道德规范只有在为大学生诚心诚意地接受并转化为自身的情感、意志和信念时，才能发挥其作用。”[①]大学生是独立的个体，在接受节约意识培育的过程

---

① 罗洪铁：《大学生成才理论与实践》，人民出版社 2012 年版，第 315 页。

中，不能只是被动地受到外在环境的影响，而是需要根据自己所学的知识、兴趣爱好、过往经历等对所接收到的节约意识相关信息进行有目的、有意识地加工和处理，进而产生自己对节约意识和节约行为的认知和态度。因此，在对大学生进行节约意识培育的过程中要发挥大学生的积极性和主动性，突出自我教育、学思问行相统一以及循序渐进的教育方式。

（一）坚持因材施教，尊重大学生个体差异

受到主观条件和客观条件的限制，受教育者无论是在道德修养、人生经历或者日常行为中都会表现出差异性。先秦儒家已经将个体差异性作为要素之一加以讨论，提出要针对不同的受教育对象采取不同方式的教育活动，即孔子所说的“因材施教”。孔子还提出“视其所以，观其所由，察其所安”（《论语·为政》）的方式观察每位受教育者的不同个性和不同特点，进而帮助他们，采用不同的方法教育他们。他还根据受教育者不同的家庭出身、不同年龄阶段等传授不同的内容，提升了教育的效果。孟子提出：“凡同类者，举相似也。”（《孟子·告子上》）。孟子认为，凡是同一类人，那么他们的行为举止也大都是相似的。他要求在平等对待每一位受教育者的基础上，分不同类别进行教育，以此来取得更好的教育效果。荀子继承了孔子和孟子的思想，他强调人们只要能够长期坚持积累善行，再加之后天的努力，也能够成“仁”成“圣”。荀子从“涂之人可以为禹”和“治气养心”等角度提出了要平等对待每一位受教育者和个性化的教育思想，“对症下药”的教育方式，切实提高了教育实施的操作性。

通过对调查问卷的汇总分析发现，不论是在社会环境中还是在校园生活中，抑或是在家庭中，在进行大学生节约意识培育时，普遍对大学生的个体差异性关注程度较低，甚至忽视了这一群体内部也存在差异性的事实。比如，老师们在讲解相关知识时，是面向所有的学生，忽视了大学生之前生活环境的差异、接受教育的差异、文理科生的差异等，只是将教学目标上的内容统一教授给学生。这种教学效果很显然会与理想中有较大差距。这就启示我们在讲解知识的时候，要尽量采用个性化的教育方式，以保证最好的教育效果。

在社会不同环境下也需要注意张贴宣传标语的个性化。比如，在公交站牌、地铁口等地方，可以张贴宣传标语，或者通过电子屏投放宣传绿色出

行、倡导使用公共交通工具的标语或者视频，可能会更加引起关注；在餐饮比较密集的地方，尤其是在提供自助餐饮和免费食物、饮料的地方，可以投放倡导节约光荣、浪费可耻的宣传标语，引导人们节约粮食；在公共厕所、公共服务设施附近可以宣传节约用水、节约用电。在不同区域宣传不同的节约行为方式更容易引起关注，也会更容易将节约意识的观念深入到每一位观看者的内心，帮助他们通过适合自己的方式培育正确的观念。

大学生大多数时间生活在校园中，因此校园生活对其节约意识的培育起着至关重要的作用。高校若能合理运用先秦儒家“因材施教”的教育方式，会为大学生节约意识培育带来积极影响。比如，在授课方式上，教师对不同专业的学生可以采取不同的授课方式。文科生对文字的理解能力比较强，所以在授课过程中教师可以更多地使用文字理论讲述的方式；而对于理科生则可以多通过视频、数据、动画等形式，并辅之以文字进行讲解。这样可以帮助大学生尽快发现自己的问题，激发他们的兴趣和关注度，从而帮助其更好地树立节约意识。另外，针对不同的年级也可以采用不同的宣传教育方式。对刚进入大学校门的新生来说，可以对其加强法律法规和学校规章制度的宣传，必要时可以通过考试的方式。

在家庭生活中，因材施教的教育方式同样适用。家长应当通过观察子女在日常生活中的习惯和行为，有针对性地帮助子女改掉浪费的习惯，而不是仅限于说教。如果说教内容并不是子女本身存在的问题，那么结果可想而知。这种方式不仅不会起到积极的教育作用，反而会引起子女的反感，甚至会激化家庭矛盾。

总而言之，不论是社会、高校还是家庭，都应当承担起相应的责任，通过个性化的教育方式引导大学生树立正确的观念，为新时代祖国的发展建设培养高素质的人才。

（二）强化以身为教，发挥先锋模范作用

重视榜样在教育中的模范带头作用，是我国教育较为突出的特点。孔子提出“为政以德”，强调统治者的榜样示范作用。他认为统治者只有拥有高尚的道德情操，才拥有治理国家的本领和能力。孔子还曾说道：“君子之德风，小人之德草。草上之风必偃。”（《论语・颜渊》）他认为统治者要具备高尚的德行，才能得到百姓的拥护；只有严格要求自己，以身为范，才能起到

表率作用。孔子还得出“三人行，必有我师焉”的重要论断，形成了自己的独特的“身教”的教育方式。

孟子在继承孔子“身教”观点的基础上，提出“善政不如善教之得民也”（《孟子·尽心上》），揭示了道德榜样的重要性。他将统治者的道德品质与国家的兴盛、社会的稳定结合起来，要求统治者不仅要注重自己品行的修养，更要不断反省自己。荀子也强调统治者提高自身修养的重要性，但荀子强调的重点是教育者的示范作用。他指出教育者对受教育者的影响是其他人所不能比的，对教育者的行为也提出了明确的要求。把教育者的行为当作一种标准，实际上也是强调道德榜样的重要性。

大学生节约意识的培育，也要注重榜样的力量。在调查问卷中，有大部分同学表示教师没有起到示范作用，中共党员和学生干部也没有起到榜样示范作用，甚至家长也没有以身作则。这势必会影响到大学生节约习惯的养成。没有榜样的示范，大学生在日常生活中就没有标准和目标，也就会影响其节约意识培育的进程。

在校园中，教师不仅要为同学们讲授知识，传递正确的思想观念，也应当成为学生们的榜样。如果教师言行不一，在课堂上讲授勤俭节约，实际上铺张浪费，那么老师传授的理论知识必然不会被同学们所接受。老师们的教育不仅要体现在课堂上，更要落实到行动中，做到知行合一、言行一致才能真正使同学们信服，也才能真正起到榜样示范作用。中共党员和学生干部是大学校园中的先进代表，中共党员应当对照党章党规，反思自己的行为，完善自己，起到模范带头作用。学生干部是同学们选举出来的为同学们服务的群体，应当时刻将为同学们服务、起表率作用牢记在心间，落实到行动上。为此，学校可以加强对党员和学生干部的培训，强调作为一名中共党员和学生干部应当承担起的责任。中共党员和学生干部更应当在日常生活中严格要求自己，不浪费，坚持勤俭节约，在帮助自己的同时也能够带动身边的同学一起形成良好的节约习惯，为构建节约型校园和节约型社会贡献自己的力量。

在家庭方面，大多家长对子女的教育限于说教，并没有意识到自己的行为对子女的行为习惯和思想观念产生的影响。在日常生活中，家长也要注意自己的言行，做到言行一致。同时，家长要做到严于律己，不仅要对子女严格要求，更要对自己严格要求。只有家长规范自己的消费行为和节约行为,才能够为子女树立标准。

总之,榜样示范作用在大学生节约意识培育中扮演着极其重要的角色,不论是教师、党员和学生干部还是家长都要重视自己在大学生节约意识培育中的重要作用,承担起自己的责任,帮助大学生培育节约意识。

(三)强调潜移默化,注重社会大环境的熏陶作用

任何思想观念和行为习惯的养成都不是一蹴而就的,需要长期的过程,需要不间断地对其施加影响。要通过“细水长流”式的教育方式达到教育的目标,环境的熏陶作用不可忽视。

先秦儒家主要代表人物已经认识到外部的客观环境对道德教化的影响。孔子提出:“里仁为美,择不处仁,焉得知?”(《论语·里仁》)孔子意识到人们生活的环境对自身道德修养产生的潜移默化的作用,并注重通过提升环境来达到教育的目的。除此之外,孔子也十分注意人际关系环境,广交益友、乐交诤友、不交损友,远离没有道德修养的“小人”。孟子曾说:“居移气,养移体。”(《孟子·尽心上》)强调外在环境对人的性格和品性的影响。孟子还根据每个人成长环境的不同,提出“生于忧患,死于安乐”(《孟子·告子下》)。这一观点将外部环境对个人成长和发展的影响提升到了新的高度。荀子在“性恶论”的基础上强调外部环境对自身成长的重要影响。基于此,荀子将自身道德修养与外部环境紧密相连,认为“成仁”“成圣”与外部环境的熏陶有着不可分割的关系。荀子认为客观环境的影响还应与主观能动性结合起来,只有既注重外部环境的影响,又发挥主观能动性,才能更好地达到教育的目标。虽然先秦儒家对外部环境的重视存在一定的局限性,但它能够启示我们要注重外部环境对教育的影响,营造良好的教育氛围。

良好环境的营造不仅包括社会环境、校园环境也包含家庭环境。就营造社会环境而言,首先可以请各级部门印发宣传手册,组织相关人员进行制度政策讲解,悬挂张贴宣传标语,用通俗易懂的语言在大学生经常生活的场所进行宣传。其次,发挥社交媒体和公众人物的影响力,提高媒体和公众人物的社会责任感。通过微信公众号、微博等途径向大学生推送关于“节约光荣、浪费可耻”的文章或短视频;通过公益广告和明星示范等形式向大学生宣传正确的节约观念,帮助大学生们关注节约问题,用自己的实际行动践行节约。最后,要加强对相关企业的监督和管理,坚决反对企业利用各种手段

宣传过度消费,并对不当行为和宣传进行严厉的打击和惩罚。

在大学校园中,不仅可以通过线下的方式进行宣传,也可以创新“互联网+”宣传模式。通过微博、微信等平台发布与节约相关的文章、视频等,或者将同学们的节约行为通过平台发布,从而引起更多同学的关注,达到更好的宣传效果。借助互联网不仅可以扩大宣传范围,还能够在“无声”的环境中对大学生施加影响,让大学生在潜移默化中改掉自己的不良习惯,自觉加强节约意识培育,提高自己的道德素质。另外,还可以将相关活动信息通过各类手机客户端推送给同学们,引导同学们积极参与,以各种形式参与到活动中,并将自己的参与成果上传至网站,与其他同学进行实时互动和学习。这种方式打破了时间和地域的限制,不仅可以提高同学们参与活动的积极性,而且可以激励同学们独立思考,积极交流,在相互学习中提高节约意识。

在家庭生活中,环境的影响更为重要。家庭是大学生心理形成和心理塑造的关键场所,大学生的节约意识和节约行为,在一定程度上与家庭教育有关。良好的家庭教育能够帮助大学生形成正确的节约观念,培育大学生的节约意识,反之,若没有良好的家庭氛围和家长的正面积极影响,也会导致大学生产生错误的观念。大学生若出现奢侈浪费等行为,家长应首先反思自己的行为是否给子女造成了错误的示范,而后应当有针对性地对子女进行外在的约束和内在的疏导,帮助他们形成良好的节约观念。

总体而言,外部环境对大学生节约意识培育发挥着不可或缺的作用,在进行大学生节约意识培育的过程中要重视外部环境的影响,发挥外部环境潜移默化的作用。

(四)调动大学生的积极性和主动性

大学生对待节约意识培育的态度最终决定着节约意识培育的效果。即使有再完备的外部环境、资源和设施,如果大学生自身没有进行节约意识培育的积极性和主动性,那么节约意识的培育效果也不会达到既定目标。只有大学生从内心深处自觉深化节约意识,发挥自身的积极性和主动性,才能够将节约意识的培育真正落到实处。

孔子认为“君子求诸己,小人求诸人”(《论语·卫灵公》),强调个人的自主性和独立性在进行自我道德修养中的重要作用。孔子特别突出自我反省的重要性,他提倡“吾日三省吾身”(《论语·学而》),“见贤思齐焉,见不贤而内自省也”(《论语·里仁》),提倡应当及时反思自己的过错,要进行自省。孟子在“性善论”的基础上,期望通过“存心养性”的方法恢复人原来有的善行,从而达到“成圣”的目标。孟子还构建了“尽心、知性、知天”的自我修养思路,并将其作为个人道德修养的前提。此外,孟子提出通过“反求诸己”的方式从自己的内心深处寻找德行的本原,并且希望通过自我反省,巩固之前已经养成的良好德行,将个人道德修养从家庭生活领域扩大到社会政治生活领域。荀子将“诚”作为进行自我修养的方式,通过保持真诚之心才能成为道德模范。另外他还强调“慎独”的重要性,即在无人监督的情况下,也要遵守制度法规和道德规范,为个人道德修养制定了最高的标准。时至今日,通过发挥受教育者积极性和主动性来强化道德规范的方式,仍值得重视和借鉴。

大学生在节约意识培育过程中更应当注重发挥自身的积极性和主动性。通过自我教育和自我反省,发现自己节约观念和节约行为的不合理之处,并及时进行改正,真正让节约意识培育“落地、生根、发芽”。作为一名大学生,作为一名青年人,在培养自己节约意识的过程中不能仅仅依靠外力的约束,更应当注重内在修养的提升,通过主动学习和主动反思强化自己的学习效果,进而通过自己在日常生活中的行为将其体现出来。还要借此认识到自己在其他方面的浪费行为,尤其是在消费行为中,更应该及时对自己的行为进行反省,树立健康的消费观念,自觉遵守相关规定,提高自己的安全意识,严守道德底线,做一个合格的消费者。

(五)强调大学生要坚持学思问行相统一

正所谓“学而不思则罔,思而不学则殆”,要想从根本上培养大学生的节约意识,还需要大学生坚持“学思问行”相统一。“学”就是主动学习,“思”就是反思、思考,“问”就是善于请教,“行”就是要落实到行动上,体现到日常生活中。

在先秦儒家的教育方法中,孔子十分注重“学、思、问、行”相结合。他认为受教育者首先要做到的就是好好学习,强调进行自我道德修养首先建立在学习的基础上,只有乐学、好学才能向善。其次是思考。孔子提出君子有“九思”,“视思明,听思聪,色思温,貌思恭,言思忠,事思敬,疑思问,忿思难,见得思义”(《论语·季氏》)。他强调人们要在反思中不断审视自己,让自己的言行举止符合道德标准。再次是问。“敏而好学，不耻下问”，遇到不懂的问题要及时请教，通过相互之间的交流和沟通，才能够提升自己辨别是非对错的能力。最后是行。“讷于言而敏于行”是孔子对君子的要求，要将所学、所思、所问最终体现到自己的行动上，最终达到教育目标。

孟子十分重视“思”在道德修养中的重要作用，主张通过“思”引导人们追求积极向上的生活。他重视言行一致，反对言行不一，鼓励百姓在实际行动中感悟事情的真相，从而提升自己的修养。荀子也认为，只有通过不断学习，才能够知礼、懂礼、守礼，只有通过学习才能够将外在的规范转化为内在的精神品质。“积学而不息”是强调学习思考的重要性，在这一过程中，不能将自己的感悟停留在感性层面，要追求内心的提升，通过在实际行动中积累善性，用自己的实际行动将感性知识转化为实践。先秦儒家不仅注重学习，更重要的是从生活实际出发。这一思想为“求真务实”思想的产生和传承发展具有重要的的影响。

通过对调查问卷的分析汇总发现，大学生对节约意识培育有一定的了解，也认为在日常生活中应该加强节约意识培育，但是落实到实际行动中却不尽如人意。这说明部分大学生尚未将所学的理论知识转化为实际行动，也反映出大学生对自己的要求与我们现在所提倡的节约意识培育的目标还有一定的差距。因此，要学习先秦儒家“学思问行”相结合的教育方式，帮助大学生将外在的规范转化为内在的修养和品质。

首先，大学生要加强学习。不仅要加强理论知识学习，了解国家的大政方针、关于节约的倡议、学校的规章制度等，更要加强实践的学习，在实践中领悟勤俭节约的内涵。不仅要学习加强节约意识，更要学习为何要加强节约意识。了解大学生加强节约意识的意义所在，才能真正激发自己的学习兴趣。其次，大学生要反思自己的行为。要有“吾日三省吾身”的反思精神，通过反思发现自己的缺点和不足，在以后的活动中改进自己的行为，从而让自己不断进步。再次要问，“问”就是要变被动学习为主动学习，通过向老师或同学请教及时发现自己的不足，提高自己判断是非对错的能力，进而提升、完善自己。最后，大学生要将节约落实到行动上。实践是检验真理的唯一标准，只有将学到的有关勤俭节约的相关知识、通过反思意识到的自己的问题以及通过请教发现的自己与他人的差距应用于实际生活中，在实践中检验自己的学习成果，才能真正提高自己的节约意识，将“学思问行”的教育方式真正落到实处，发挥其应有的作用。

（六）保证大学生坚持循序渐进和持之以恒相结合

没有哪一种习惯和思想观念的养成是一劳永逸的，大学生节约意识的培育也是如此，需要经过长时间的教育和自身坚持不懈的提升才能够实现。循序渐进和持之以恒的教育方式古来有之。孔子认为，道德修养不是一蹴而就的，欲速则不达，在道德修养的过程中不能急于求成，也不能半途而废，而是要坚持不懈、持之以恒地向目标迈进。

孟子认为进行道德修养的培育要分阶段进行，完成每一阶段的既定任务再继续前进，这样才能循序渐进，保证每一阶段的目标都实现。相较于孔子和孟子，荀子突出强调循序渐进和持之以恒在道德修养中的重要作用。他提出“不积跬步，无以至千里；不积小流，无以成江海”（《荀子・劝学》），阐明了积累的重要性。荀子主张性恶论，但他相信善性可以通过后天的积累获得，即使是普通的百姓也能通过加强自身修养，成为“君子”。他还提出，积累的过程正是受教育者发挥主观能动性的体现，也是主观与客观相结合的过程。总之，先秦儒家“循序渐进”的教育思想一方面是受教育者不断加强自身学习的过程，另一方面也是受教育者将外在的规范转化为内在的修养的过程。在大学生节约意识培育的过程中，大学生应当重视量的积累，但是不能急于求成，要发扬坚持不懈、持之以恒的精神，不能“三天打鱼两天晒网”。

调查结果反映，大学生在节约意识培育的过程中存在急躁心理，祈求“一口吃成大胖子”，这是难以实现的。另外，大学生在刚开始接受教育时，会满怀热情，凭借一腔热血，相信自己一定能够通过努力，养成勤俭节约的好习惯，但是能够始终如一、坚持到底的却不多。

大学生节约意识培育，要从日常生活中的点滴小事做起，不能急于求成。比如说，在食堂用餐时，可以根据自己的饭量打适量的饭菜，不浪费粮食；在洗漱的时候，不用水时要及时关掉水龙头；在离开宿舍的时候，要及时断电，拔掉插排；在消费购物的时候，要根据自己的实际需要购买，不要因为盲目从众而购买没有意义的商品等，这都是节约行为的体现。适度的节约不是要求节衣缩食，而是在满足自身需要的前提下，能够用自己的实际行动为节约资源作出自己的贡献。从日常生活中的点滴小事做起，逐步养成勤俭节约的习惯，才能真正让节约意识在大学生心中产生积极的影响，才能真正达到大学生节约意识培育的最终目标。

除此之外，大学生节约意识培育是一项长期的任务，并不是一朝一夕可以实现的。这就要求大学生不仅要注重节约意识培育，更要将勤俭节约牢记在心里，把勤俭节约的优良传统一直继承传扬下去。这也就意味着节约意识培育不仅是大学生的事情，也是全体社会成员的责任，需要所有社会成员的共同努力。大学生要发挥自身的影响力，带动身边的朋友、同学和家人等一起参与到节约型社会的构建中，将勤俭节约贯穿自己生活的始终，通过坚持不懈的努力加强自己的节约意识、提升自己的道德修养，也为社会的发展作出自己应有的贡献。

综上所述，除了外部环境的影响之外，大学生自身的修养在节约意识培育过程中更为重要。因此，在对大学生进行节约意识培育的过程中，要更加注重发挥大学生的积极性和主动性，通过大学生对自我认知的完善推进节约意识培育的进程。

附录一 大学生社会主义核心价值观培育的生活化状况调查问卷

亲爱的同学：

首先十分感谢您抽出时间参与此次问卷调查！为了进一步了解从日常生活角度培育大学生社会主义核心价值观的现状，发挥生活的教育功能，提高核心价值观的培育效果，特设计此调查问卷。本次调查采取匿名调查方式，数据仅供研究使用，您只需按真实想法回答即可。感谢同学们的配合！

1.您的性别？

A.男　B.女

2.您所在的年级？

A.大一　B. 大二　C.大三　D.大四　E.研究生

3.您的专业属于？

A.文科　B. 理科　C. 工科　D.艺体　E.其他

4.您的政治面貌？

A.中共党员（含预备党员）　B.共青团员　C. 民主党派　D.群众

5.您的信仰是？

A.马克思主义　B.佛教

C.基督教　D.伊斯兰教　E.无信仰

6.您在日常闲暇生活中，时间分配占前三位的是？（多选题）

A.自习　B.运动健身

C.上网　D.兼职

E.旅游　F.其他

7.您当前最关心的是？

A.国家的繁荣富强　B.社会的发展进步　C.个人的学业、就业前途

8.您能否准确完整地说出社会主义核心价值观的具体内容？

A.能准确表述　B.能说出一部分，但不完全　C.很模糊　D.完全不能

9.您看待社会主义核心价值观的态度是？

A.与日常生活密切相关，应倡导学习并践行

B.属于少数人关注的问题

C.没有必要了解

10.您在公共场所是否经常看见社会主义核心价值观的宣传标语？

A.是，起到了很好的宣传作用

B.常见，但没有用心观看

C.不关心，没注意

11.您日常生活中经常在何处能看见社会主义核心价值观的宣传标语？（多选题）

A.路边标语牌　　B.公园、景区内

C.校园内　　D.网络媒体上　　E.其他

12.您了解和关注社会主义核心价值观的主要渠道来源于？（多选题）

A.思想政治理论课

B.微信、微博等网络媒体

C.电视广播

D.书刊、报纸、杂志

E.户外公益标语

F.校内文化活动

13.您认为学习社会主义核心价值观能为自己的日常生活带来改变吗？

A.能，让生活更有意义

B.应该能，但是实际践行有差距

C.不会产生太大改变

14.大学期间，以下方式对您在日常生活中践行社会主义核心价值观影响较大的是？（多选题）

A.思想政治理论课

B.校园文化活动

C.家庭教育

D.社会实践活动

E.网络媒体的宣传

F.榜样典型的示范

G.自身经历和行为反思

15.您认为哪种形式的社会主义核心价值观教育更能发挥作用?(多选题)

A.思想政治理论课

B.贴近生活的实践教育

C.主题网站

D.社会实践活动

E.校园主题活动

F.家庭教育

16.青年时期是价值观形成的重要时期,您认为对您价值观形成影响较大的是?(多选题)

A.家长　　B.老师

C.同学　　D.道德榜样

E.社会成员　　F.大众媒体

17.您所在的学校是否开展过社会主义核心价值观相关主题活动?

A.经常　　B.偶尔　　C.从不　　D.不了解

18.您参加过学校开展的社会主义核心价值观相关主题活动吗?

A.经常　　B.偶尔　　C.从不

19.您接受的思想政治理论课在讲授过程中是否与现实生活联系紧密?

A.授课内容密切联系生活实际

B.较紧密,会列举一些生活实例

C.理论性较强,比较空洞

20.打造社会主义核心价值观主题网站,您觉得什么样的内容对您来说更具吸引力?(多选题)

A.贴近自身生活的

B.聚焦社会热点问题的

C. 可以进行评价交流的

D.其他

21.您认为定义一个人人生价值的标准是?

A.对社会的贡献大小

B.社会地位的高低

C.金钱的多少

22.您认为影响大学生将社会主义核心价值观落实到具体生活中的因素有哪些?(多选题)

A.价值观多元化

B.社会不正之风

C.网络负面信息

D.学校教育内容远离生活

E.同辈群体生活方式的影响

F.个人急功近利的浮躁心理

G.其他

23.您认为良好的核心价值观教育应该?(多选题)

A.以课堂教学为主

B.贯穿于日常教育之中

C.通过多样化的形式进行

D.联系大学生自身实际进行

E.联系社会实际

附录二 网络环境下大学生从众心理情况调查问卷

亲爱的同学:感谢您在百忙之中参加本次调查。本次调查问卷将采取匿名方式,主要是调查大学生从众心理的现状,您的信息只被用于数据分析,绝不另作他用。您的意见和建议对我们分析数据十分重要,请如实填写,非常感谢您的配合!

1.你的性别是

A.男　　B.女

2.你目前在读的年级是

A.大一　　B.大二　　C.大三　　D.大四　　E.研究生

3.你的家庭地址来源是

A.城市　　B.农村

4.你一天的上网时间是多少小时

A.3 小时以下　　B.3～5 个小时

C.5～10 个小时　　D.10 个小时以上

5.你上网的时间主要用来(多选)

A.聊天　　B.购物　　C.刷微博

D.看新闻　　E.学习　　F.打游戏　　G.其他

6.当你看到某个明星为某个商品代言,是否会影响你购买此商品?

A.影响非常大　　B.影响不大

C.不确定有没有　　D.一般没有影响　　E.完全没影响

7.网上购物时,遇到一件自己喜欢的漂亮衣服但买的人很少和一件自己不是很喜欢但买的人很多,评论很好的衣服,你会选择哪一件

A.坚持自己的风格,选自己喜欢的

B.选买的人多的,质量更有保障

C.两个都不选,去实体店购买

8.购物 App 或者网店搞促销活动，你会为了满足条件而购买其实并不需要的物品

A.大多数会　　B.偶尔会　　C.不确定

D.一般不会　　E.从来不会

9.看朋友圈、说说时，看到朋友在另外一个朋友的说说下评论，你是否跟着评论

A.大多数会　　B.偶尔会　　C.不确定

D.一般不会　　E.从来不会

10.面对舍友们集体玩爆款游戏，你会选择

A.集体活动，应该参加，我也会玩

B.了解游戏是否感兴趣后，再进行选择

C.对游戏没兴趣，不玩

11.当你在朋友圈看到一个小孩走丢的事情，你会如何处理

A.不做什么，看着朋友们都转了，直接转发

B.向发消息的主人或者上网核实，确有此事，转发

C.不做任何处理

D.没遇到过

12.当你在网络上看到一则热门新闻的分析，看上去很有说服力，你会怎么做

A.会进行核实，如果官方没有公布调查结果不会转发

B.这是大众的观点，如果我也认同，就会转发

C.如果大家都认同这种说法，即使不太了解，也会转发

D.只会看一看，心里有自己的观点，但不会转发

13.关于网上某个事件的态度，你会采取哪种方式

A.看看大家对此事的态度，响应最多的就是我的态度

B.自己独立思考后，再看看别人的态度，最后形成自己的观点

C.自己独立思考后，始终坚持自己的态度

14.在网络上当你的言论与他人产生不同观点并遭到集体攻击时，你会怎么做

A.始终坚持自己的观点，因为每个人的看法都不一样

B.有压力，但仍坚持自己的观点

C.会改变自己的观点，真正赞同大家的观点

D.害怕网络攻击，改变自己的观点

15.如果你非常喜欢一个明星，但大众对此明星的态度更多是否认的，你会怎么做

A.萝卜青菜各有所爱，坚持自己的喜欢，不会理会他人

B.很生气，会与他们产生争执

C.被迫承认自己也不喜欢此明星

D.因为大多数人对此明星的态度是否认的，所以我也不喜欢了

16.关于网上炒得很热的话题，你是否会加入讨论

A.大多数会　B.偶尔会　C.不确定　D.不会

17.你加入网上热点话题的初衷是

A.单纯发表观点

B.事件太恶劣，忍受不了，谴责当事人

C.跟着主流走，发表观点，证明自己与他们观点是一致的

D.表示祝福，充满正能量的观点

18.你不参与网上热点话题讨论的原因是

A.感觉事情离自己很远，发表评论也不起作用

B.自己心里明白，不愿意在网上显露自己

C.不关注

19.当你遇到麻烦时，你会通过网络询问解决办法吗

A.绝大多数会　B.偶尔会　C.除非有特殊情况，一般不会

D.从来不会

20.网上的舆论，是否对你产生了影响

A.大多数会　B.偶尔会

C.不确定　D.除非有特殊情况，一般不会

E.从来不会

21.你认为网上信息，正能量与负能量那个占主流

A.正能量　B.负能量　C.不确定

22.您身边有没有发生过为响应网络舆情号召而大量转帖、刷评论等行为？

A.有，自己参加过　B. 有，自己没参加过　C. 没有

23.面对网络刷单返利事件,你是否会参与
A.大多数会　　B.偶尔会　　C.不确定
D.除非特殊情况,一般不会　E.从来不会
24.你喜欢通过什么方式来减少自己从众行为的发生(多选)
A.读书,培养自己独立思考的能力
B.积极参与活动,打开自己的思想
C.多与朋友、家人沟通,勇于表达观点
D.关注新闻时事,培养正向的价值观和人生观
F.其他(请补充)
25.你认为外界因素,哪些利于你避免从众行为(多选)
A.网络的舆论都是正面的　B.同学们之间不攀比
C.家庭和睦、幸福　　D.学校开设道德修养课
F.其他(请补充)
26.你认为从众心理在生活中普遍吗?
A.普遍存在　　B.不普遍存在
27.你是否认为自己存在从众心理
A.经常存在　　B.偶尔会存在　　C.不存在
28.是否赞同网络中从众行为会与现实中存在不同
A.非常赞同　　B.比较赞同　　C.不太赞同　　D.完全不赞同
29.你觉得大学生从众行为现象的具体表现是什么?(多选)
A.学习从众　　B.择业从众　　C.道德从众　　D.恋爱从众
E.消费从众　　F.入党从众　　G.其他(请补充)
30.你认为大学生从众行为产生的原因是什么?(多选)
A.传统文化中的"群体归属"意识
B.特殊的社会大环境
C.大学生特殊的群体生活
D.大学生心理发展的特殊阶段
E.大学生的个人素质和独立能力
F.其他(请补充)
31.你认为应采取什么措施来减少大学生从众行为?(多选)
A.充分发挥榜样人物的舆论向导作用

B.开展多种形式的群体心理教育活动

C.增强大学生的独立自主意识与批判思维

D.改善德育工作方法,更新教育观念

E 其他(请补充)

附录三　先秦儒家文化融入大学生节约意识培育调查问卷

亲爱的同学：

您好！感谢您参与本次调查活动，旨在通过此次调查，了解大学生节约意识培育的现状。本问卷为无记名调查，调查选项没有对错之分，请您放心选择对应选项。所有相关数据仅用于统计分析，不另作他用非常感谢您的支持！(多选题已进行标注，其余为单选题)。

1.您的性别：

A.男　　　　B.女

2.您的年级：

A.大一　　B.大二　　C.大三　　D.大四　　E.研究生

3.您的政治面貌：

A.中共党员　　　　B.中共预备党员

C.共青团员　　　　D 群众

4.您专业所属的学科类型：

A.人文学科　　　B.理工学科　　　C.其他：

5.您了解过先秦儒家文化吗？

A.了解过(请继续作答)

B.没有了解(请跳转至第 15 题)

6.您了解先秦儒家文化的途径是？

A.自学　　　　B.学校教育

C.家庭教育　　　　D.社会宣传

7.您如何看待先秦儒家文化？

A.陈旧过时　　　　B.糟粕

C.对中国的发展起到阻碍作用　　　　D.是中国文化的宝贵财富

8.您所了解到的先秦儒家的代表人物有哪些？(多选)

A.孔子　B.孟子　C.荀子　D.其他：

9.您所了解的先秦儒家精神有？（多选）

A.仁　B.义　C.礼　D.智　E.信　F.其他：

10.您了解的先秦儒家教育方式有？（多选）

A.因材施教

B.己所不欲，勿施于人

C.潜移默化

D.说服教育

E.自我教育

F.实践锻炼

G.其他(请补充)

11.您学习先秦儒家文化的目的是？（多选）

A.增长见识　B.提高道德修养　C.指导自己行为

D.娱乐　E.提高就业竞争力　F.其他

12.您认为先秦儒家文化对当今社会发展发挥作用如何？

A.发挥重要作用　B.作用一般　C.作用很小　D.没有作用

13.您知道“一箪食，一瓢饮，在陋巷，人不堪其忧，回也不改其乐”出自哪里，了解这句话的内涵吗？

A.出自《论语·雍也》，强调节俭，是对不浪费的赞誉

B.知道是孔子所说，提倡节俭

C.知道是孔子所说，不清楚具体内涵

D.不知道出处，不清楚具体内涵

14.您希望通过何种方式了解先秦儒家文化？

A.课堂老师传授　B.网络媒体

C.社会实践　D.课外读物

15.您所在的高校是否会举办有关节约的宣传教育活动？

A.经常　B.一般　C.偶尔　D.从不

16.在日常生活中，您见到过对节约思想的宣传吗？

A.经常见到(请继续作答)

B.偶尔见到(请继续作答)

C.从未见过(请跳转至第 20 题)

17.在日常生活中,您所见到的关于节约思想的宣传途径有?(多选)

A.张贴宣传海报　　B.制作宣传标语

C.录制宣传视频　　D.利用动画故事宣传　　E.其他(请补充)

18.您所了解的对节约的宣传方式是?

A.对特定群体采取特定的宣传方式　B.宣传时分年龄段进行

C.不分年龄、性别、群体一起宣传　　D.其他

19.您所在的高校举办的有关节约意识教育的活动或讲座,您的态度是?

A.积极参加并认真学习

B.参加,听取感兴趣的部分

C.有空闲时间时参加,对主题不感兴趣

D.偶尔参加,流于形式

E.不参加,没有必要

20.您会为大学生节约意识培育贡献自己的力量吗?

A.是每个社会成员的义务　　B.根据具体情况而定

C.管好自己就行　　D.不会,原来怎样现在就怎样

21.您所在的高校中,教师会以实际行动践行节约思想吗?

A.会　　B.偶尔会

C.不会　　D.没有关注

22.您所在的高校中,中共党员(含预备党员)或学生干部会自觉发挥模范带头作用吗?

A.会　　B.跟其他同学无差别

C.不会　　D.没有关注

23.您认为加强大学生节约意识培育是否有必要?

A.非常有必要　　B.有必要　　C.一般　　D.没有必要　　E.不知道

24.您认为在当今社会,将先秦儒家文化融入大学生节约意识培育是否有必要?

A.非常有必要　　B.有必要　　C.一般　　D.没有必要　　E.不知道

25.您所在的高校有专门的节约意识教育课程吗?

A.有　　B.没有　　C.不知道

26.教师会在课堂讲授中进行节约意识教育吗?

A.会,大多数教师会进行节约意识教育

B.很少,偶尔会有教师进行节约意识教育

C.不会,只会进行相关专业知识的讲授

27.若先秦儒家文化对加强大学生节约意识培育有积极作用,您认为通过哪些途径可以更好地了解和宣传先秦儒家文化?

A.课堂老师讲授

B.网络媒体的宣传

C.开展与先秦儒家文化相关的社会实践活动

D.对先秦儒家经典著作进行朗诵

28.您认为进行节约意识培育对您的生活、学习有影响吗?

A.影响非常大　　B.影响一般

C.几乎没有影响　　D.完全没有影响

29.通过参加一系列活动,您的节约意识是否增强?

A.效果很好　　B.效果不大　　C.没有效果

30.您的家长对先秦儒家的节约思想有过了解吗?

A.了解　　B.略微知晓　　C.完全不了解

31.您的家长会不会在日常生活中培养您的节约习惯?

A.经常　　B.一般　　C.偶尔　　D 从不

32.您家长对您的教育与其行为是否一致?

A.一致　　B.基本一致　　C.不一致　　D.不了解

33.在日常生活中,家庭成员之间是否会举行节约相关的小活动?

A.经常　　B.一般　　C.偶尔　　D.从不

34.你认为在节约意识培育中对自己影响较大的途径是:(多选)

A.社会大环境的影响

B.学校开展的课程、讲座、活动等

C.父母家人的言传身教

D.媒体宣传(如影视作品、新闻报道、明星宣传等)

E.其他(请补充)

参考文献

一、图书

1.《马克思恩格斯选集》(第一卷),人民出版社 2012 年版。

2.《马克思恩格斯选集》(第二卷),人民出版社 2012 年版。

3.《马克思恩格斯选集》(第三卷),人民出版社 2012 年版。

4.《马克思恩格斯选集》(第四卷),人民出版社 2012 年版。

5.《马克思恩格斯文集》(第五卷),人民出版社 2009 年版。

6.《马克思恩格斯文集》(第九卷),人民出版社 2009 年版。

7.《马克思恩格斯文集》(第十卷),人民出版社 2009 年版。

8.胡锦涛:《坚定不移沿着中国特色社会主义道路前进 为全面建成小康社会而奋斗——在中国共产党第十八次全国代表大会上的报告》,人民出版社 2012 年版。

9.《习近平谈治国理政》(第一卷),外文出版社 2018 年版。

10.《习近平谈治国理政》(第二卷),外文出版社 2017 年版。

11.《习近平谈治国理政》(第三卷),外文出版社 2020 年版。

12.陈笃彬主编:《大学生思想政治教育理论与实证》,人民出版社 2011 年版。

13.陈飞:《回归生活世界:思想政治教育研究的一个视角》,人民出版社 2014 年版。

14.陈万柏主编:《思想政治教育学原理》,中国人民大学出版社 2013 年版。

15.郭庆光:《传播学教程》,中国人民大学出版社 2011 年版。

16.李超民:《新时代提升网络思想政治教育话语权研究》,人民出版社 2019 年版。

17.李伦:《网络传播伦理》,湖南师范大学出版社 2007 年版。

18.刘京林:《大众传播心理学》,中国传媒大学出版社 2005 年版。

19.孟迎辉等:《社会主义核心价值观的日常生活化机制研究》,中国社会科学出版社 2019 年版。

20.彭兰:《网络传播概论》,中国人民大学出版社 2017 年版。

21.彭兰:《网络传播学》,中国人民大学出版社 2009 年版。

22.邵广侠:《生活德育的理论与实践》,东南大学出版社 2015 年版。

23.时蓉华:《社会心理学》,浙江教育出版社 1998 年版。

24.时蓉华主编:《现代社会心理学》,华东师范大学出版社 2017 年版。

25.孙培青主编:《中国教育史》,华东师范大学出版社 2000 年版。

26.檀传宝:《信仰教育与道德教育》,教育科学出版社 1999 年版。

27.吴宁:《日常生活批判——列斐伏尔哲学思想研究》,人民出版社 2007 年版。

28.吴学琴等:《当代中国日常生活维度的意识形态研究》,人民出版社 2014 年版。

29.谢安国、纪安玲、陈卓:《大学生思想政治工作专题研究》,人民出版社 2019 年版。

30.杨威:《中国传统日常生活世界的文化透视》,人民出版社 2005 年版。

31.张大均主编:《教育心理学》,人民教育出版社 2015 年版。

32.张峰:《社会主义核心价值观与大学生价值观教育》,湖北人民出版社 2015 年版。

33.张耀灿等:《现代思想政治教育学》,人民出版社 2006 年版。

34.郑永廷:《思想政治教育方法论》,高等教育出版社 2010 年版。

35.[德]埃德蒙德·胡塞尔:《生活世界现象学》,倪梁康、张廷国译,上海译文出版社 2005 年版。

36.[法]古斯塔夫·勒庞:《乌合之众:大众心理研究》,陈剑译,译林出版社 2018 年版。

37.[美]戴维·迈尔斯:《社会心理学》(精装本),侯玉波等译,人民邮电出版社 2016 年版。

38.[美]尼尔·波兹曼:《娱乐至死》,章艳译,中信出版社 2015 年版。

二、期刊论文

1.陈丽娟:《大学生从众心理的成因分析》,《科技资讯》2010 年第 23 期。

2.陈文:《大学生节约意识特征调查与培养对策研究》,《学校党建与思想教育》2012 年第 24 期。

3.戴艳军、吴桦:《论习近平对马克思主义财富观的继承与发展》,《思想理论教育导刊》2019 年第 6 期。

4.丁绍辉:《从众心理在大学生思想政治教育中的作用》,《科教导刊》(上旬刊)2014 年第 9 期。

5.范丹红:《大学生社会主义核心价值观培育的生活维度分析》,《学校党建与思想教育》2015 年第 12 期。

6.付耀霞:《先秦儒家的节俭思想对建设节约型社会的伦理启示》,《四川行政学院学报》2007 年第 2 期。

7.郭光华:《论网络交往中“沉默的螺旋”假说的局限》,《湖南师范大学社会科学学报》2002 年第 6 期。

8.韩华、郭兰:《大学生从众心理——高校德育工作新的切入点》,《中南民族大学学报》(人文社会科学版)2002 年第 5 期。

9.郭奕江:《暴动的羊群:浅析网络舆情中从众行为及其引导》,《求知导刊》2014 年第 12 期。

10.韩宇:《艰苦奋斗、勤俭节约的思想永远不能丢》,《求是》2020 年第 16 期。

11.何静:《大学生勤俭节约意识的缺失与强化》,《传承》2014 年第 7 期。

12.黄硕、王益民:《论大学生校园节约意识的培养》,《河北农业大学学报》(农林教育版)2012 年第 4 期。

13.李晨阳、刘琳娜:《先秦儒家的“富德两难”问题》,《文史哲》2019 年第 5 期。

14.李名川、谭英雄:《加强大学生节约意识教育的必要性和途径研究》,《湖北广播电视大学学报》2012 年第 10 期。

15.李昱星:《学生的"从众心理"及其教学效应》,《中国职业技术教育》2003年第35期。

16.李月娥、安建、孔繁繁、张天晓:《试谈大学生社会主义核心价值体系教育的系统化与生活化》,《中国成人教育》2010年第1期。

17.梁英楠:《大学生从众心理及原因分析》,《科技创新导报》2010年第4期。

18.廖言:《社会主义核心价值体系的日常生活化》,《学习月刊》2012年第15期。

19.刘波:《论社会主义核心价值体系生活化的逻辑理路与发展路径》,《中国特色社会主义研究》2012年第2期。

20.刘海龙:《沉默的螺旋是否会在互联网上消失》,《国际新闻界》2001年第5期。

21.刘红禄:《困境与重构:高校思想政治教育中大学生主体性问题探析》,《黑龙江生态工程职业学院学报》2020年第1期。

22.刘锦增:《1980年以来国内先秦儒家消费思想研究综述》,《船山学刊》2013年第4期。

23.刘一鸣:《新媒体时代从众心理对大学生思想政治教育的影响及对策探究》,《科教文汇》(下旬刊)2016年第8期。

24.刘艺:《大学生社会主义核心价值观教育生活化路径研究》,《宁夏教育》2015年第11期。

25.刘韵:《论大学生节约意识的培养》,《法制与社会》2008年第4期。

26.马文勇、尉耀元、张建超:《浅谈大学生节约意识和节约能力的培养》,《理论观察》2012年第3期。

27.马永庆:《论社会主义核心价值观的培育主体》,《社会主义核心价值观研究》2016年第1期。

28.孟迎辉、邓泉国:《社会主义核心价值观与日常生活的内在逻辑》,《社会主义研究》2015年第1期。

29.倪建均:《羊群效应:网络舆情突发事件中大学生网络"围观"集群行为社会心理分析和引导策略》,《北京青年研究》2017年第4期。

30.欧阳德君:《先秦儒家反贫困思想及其当代价值》,《贵州社会科学》2019年第3期。

31.戚万学、唐汉卫:《以人为本的道德和以学生为本的道德教育》,《中国教育学刊》2003 年第 1 期。

32.秦程节、何小春:《融入日常生活:青年核心价值观培育和践行的微观建构》,《广西师范大学学报》(哲学社会科学版)2019 年第 1 期。

33.秦佳凤、赵英:《孔子节俭思想研究》,《内蒙古师范大学学报》(哲学社会科学版)2018 年第 5 期。

34.任志锋:《大学生社会主义核心价值观认同的日常生活维度》,《教学与研究》2016 年第 12 期。

35.任志锋:《社会主义核心价值观教育融入日常生活的矛盾与化解》,《社会主义核心价值观研究》2019 年第 3 期。

36.石成奎:《大学生从众心理成因及其对策》,《学校党建与思想教育》2006 年第 12 期。

37.孙晓雷、袁修学:《加强大学生节约意识　构建节约型校园》,《中国轻工教育》2010 年第 3 期。

38.王静:《论社会主义核心价值体系教育生活化》,《山西大同大学学报》(社会科学版)2012 年第 2 期。

39.王丽平:《先秦儒家消费观对建设节约型社会的启示》,《河南科技学院学报》2012 年第 3 期。

40.王泽应:《社会主义核心价值观之本质规定性及路径选择》,《湖南师范大学社会科学学报》2007 年第 5 期。

41.温美荣:《节约意识缺失:构建节约型社会的制约因素》,《国家行政学院学报》2011 年第 6 期。

42.邬强:《当代大学生从众心理分析及其对策》,《黑龙江高教研究》2009 年第 1 期。

43.夏军英:《不良社会风气对大学文化建设的影响与应对措施研究》,《吉林省教育学院学报》(中旬刊)2012 年第 1 期。

44.杨松菊、李敏:《高校思想理论课勤俭节约教育“融入”式教学的路径研究》,《当代教育理论与实践》2016 年第 8 期。

三、报纸文章

1.习近平:《青年要自觉践行社会主义核心价值观》,《人民日报》2014 年 5 月 5 日。

2.习近平:《在同各界优秀青年代表座谈时的讲话》,《人民日报》2013 年 5 月 5 日。

3.《用核心价值观引领思潮凝聚共识》,《人民日报》2014 年 1 月 19 日。

4.《加强和改进新形势下高校宣传思想工作》,《人民日报》2015 年 1 月 20 日。

5.杨三喜:《节约意识的代际传递依靠校园》,《光明日报》2020 年 9 月 7 日。

6.杨朝明:《勤俭的内涵和时代启示》,《人民政协报》2020 年 10 月 19 日。

后　记

执笔于三月，大地回春、春暖花开，《多维视域下的大学生思想政治教育研究》即将与读者见面，笔者内心充满了喜悦与期待。

本书是笔者主持的山东省教育科学规划“十三五”规划重点资助项目“网络环境下的大学生从众心理引导与教育”(ZZ2019074)、山东省社科规划项目“大学生社会主义核心价值观培育的生活化研究”(20CSZJ12)的主要成果，受到山东省高校“十三五”人文社科研究基地——“医学人文素质教育研究基地”的资助，同时也凝聚了课题组成员岳思莉、刘晓丽、胡潇然、张潇、林清、杨玲玲等的研究心得。课题立项之后，课题组马上着手展开了课题的理论研究和问卷调研工作，在此基础上，结合课题组成员教学实践，力图将理论与实践相结合，为大学生思想政治教育提供更多参考。

本书出版得到山东大学出版社的大力支持，在此表示感谢！

赵　敏

2022年6月